나의 첫
모빌리티 수업

나의 첫 모빌리티 수업

초판 1쇄 인쇄 2022년 5월 10일
초판 1쇄 발행 2022년 5월 20일

지은이 조정희
펴낸이 우세웅
책임편집 이현정
기획편집 한희진 김휘연
콘텐츠기획·홍보 전다솔
북디자인 이선영

종이 페이퍼프라이스㈜
인쇄 ㈜다온피앤피

펴낸곳 슬로디미디어그룹
신고번호 제25100-2017-000035호
신고연월일 2017년 6월 13일
주소 서울특별시 마포구 월드컵북로 400, 상암동 서울산업진흥원(문화콘텐츠센터)5층 22호
전화 02)493-7780
팩스 0303)3442-7780
전자우편 wsw2525@gmail.com(원고투고·사업제휴)
홈페이지 slodymedia.modoo.at
블로그 slodymedia.xyz
페이스북인스타그램 slodymedia

ISBN 979-11-6785-074-4 (03320)

탄소중립시대, 일상 구석구석 스며든 모빌리티 이야기

나의 첫

모빌리티 수업

Mobility

조정희 지음

슬로디미디어

자율주행 전기차는 바퀴 달린 스마트폰이다. 이 책은 왜 미래 모빌리티가 사람들의 일상 경험을 바꿀 게임 체인저인지 플랫폼, 서비스, 메타버스와 연결하여 알기 쉽게 설명해준다.

연세대 AI-모빌리티 UX랩 교수 최준호

모빌리티를 쉽게 이해하고 최신 트렌드를 알고 싶다면 이 책을 일독하길 권한다. 모빌리티 기술 자체의 혁신보다 비즈니스의 혁신이 더 필요하다고 이야기하는 작가의 혜안에 여러분도 고개를 끄덕이게 될 것이다.

신한카드 임원 김효정

이 책은 모빌리티가 왜 세상을 바꾸게 되었는지, 어떻게 혁신하고 있는지 설명해주고 있다. 또 하루가 다르게 변화하는 트렌드를 정확하게 짚어준다.

전 기아차 임원 박재후

관련 업계 종사자가 아니더라도 누구나 쉽게 이해할 수 있는 입문서이자, 막연한 IT 트렌드를 쉽고 재미있게 설명해주는 책이다.

전 평택시약사회 부회장 조규봉

나는 만년 뚜벅이다. 뚜벅이가 무슨 '모빌리티'를 아느냐고 이야기할 수 있지만, 매일 두 발로 걸어 다니는 사람일수록 '모빌리티'에 대한 관심이 크다. 두꺼운 노트북을 어깨에 맨 채 10분이고 20분이고 걸어가는데, 뜨거운 뙤약볕일 때 그 누구보다 빠르고 간편한 모빌리티에 대한 갈증이 크다. 걸음은 느리고 점점 다리는 아파오니 모빌리티 기술에 의존을 하게 된다. 때론 자전거를 타고 달리다가, 조용히 음악을 들으며 지하철을 탈 때도 있고, 답답하면 버스를 타고 창가를 바라보기도 한다.

뚜벅이라서 누구보다 더 다채롭게 모빌리티를 이용하게 되었다. 우연인지 필연인지 회사에서도 첫 담당 업무가 모빌리티 관련 업무였고, 대학원에서도 배정된 연구실이 모빌리티 연구실이었으니 모빌리티와 나와의 인연은 꽤나 깊은 것 같다.

"왜 나는 모빌리티에 대한 글을 쓰는가"

자연스럽게 내가 속한 회사나 학교에서도 '이동'에 대한 기술과 경험을 중요하게 다루고 있었다. 나는 대학원의 모빌리티 연구소에서 매주 모빌리티 관련 경험에 대한 논문을 읽고 생각하는 과제를 부여받았다. 덕분에 자동차, IT, 모빌리티 관련 책자를 여러 권 읽어야만 했다. 책을 읽을 때는 늘 진지했고 학구적이었다. 마치 결혼을 하기 위해 맞선을 본다면 이런 느낌이었을까? 하지만 내 스타일은 어색한 맞선 자리보다는 가볍게 분식집에서 떡볶이 한 그릇 먹으며 유쾌한 농담을 주고받는 것이 더 어울린다. 맞지도 않는 정장을 입고 억지로 미스코리아 웃음을 짓기보다는 영심이같이 해맑은 폭소를 내뿜는 게 내 스타일이다. 수십 년 동안 매일 모빌리티를 타고 다닌 내가 굳이 이렇게 어렵게 모빌리티를 생각할 필요가 있을까.

　가만히 생각해보면 굳이 회사나 연구가 아니더라도 모빌리티는 그야말로 내 일상 안에 들어와 있는 경험의 총체이다. 매일 모빌리티를 수도 없이 이용하고 몇십 년 끊임없이 이용해오기도 했다. 가족처럼 이렇게 한결같이 오랫동안 바라본 대상을 딱딱하게 이야기하고 싶지 않았다. 거창한 용어들 대신 느슨하지만 호기심이 생기는 주제로 이야기를 해 보고 싶었다.

"장래 희망은 저 멀리 이동하는 할머니"

코로나가 심해지면서 한동안 재택근무를 했다. 아침부터 저녁까지 집에서 식사를 하고 일을 하다 보니 집 밖을 나갈 일이 없었다. 팔목에 있는 웨어러블 기기로 하루 내가 걸어 다닌 총량을 살펴보니 500걸음도 채 되지 않았다. 그러다 보니 몸은 편했지만 확실히 일상이 다채롭진 않았다. 뭐 그런 시간도 나쁘지 않지만, 나는 죽을 때까지 계속 새로운 상황들을 접하면서 배워 나가고 싶다. 그러기 위해서는 이왕이면 생활 반경을 계속 넓혀서 다양한 상황들을 접하고 싶다. 할머니가 되어도 의식적으로 생활 반경을 넓혀 멀리멀리 이동하고 싶다. 여러 사람을 만나고, 다양한 환경을 마주하며 살고 싶다. 꼬부랑 할머니가 되어서도 모빌리티를 이용하며 계속 멀리 저 멀리 이동하고 싶은 것이다.

조정희

PART 2

시공간이 연결되다

PART 3

모빌리티에 또 다른 공간이 스며든다

미래의
모빌리티에 대하여

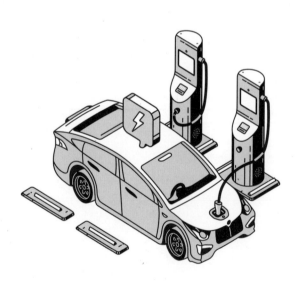

_____

_____

PART 1

차세대 이동수단, 모빌리티

짚신도
모빌리티인가요?

최근 몇 년 사이 '모빌리티'라는 단어를 자주 듣고 있다. 나는 2012년 회사에 입사했는데 그때만 해도 세탁기, 냉장고를 만드는 회사에서 모빌리티를 고민하고 있는지 전혀 몰랐다. 더 정확히는 내 업무가 모빌리티 관련 업무라고도 생각하지 못했다. 어쩌다 보니 몇 년 동안 모빌리티 기획 업무를 담당하게 되었고 업무에서 좀 벗어나려나 싶더니 모빌리티 관련 원고들을 계속 쓰고 있다. 10년 이상 '모빌리티'라는 큰 울타리 안에서 계속 고민을 하는 내 모습을 보니 모빌리티가 대세이긴 한가 보다.

그런데, 모빌리티가 무엇인가요?

몇 년 전 우연히 신입사원 강의를 나간 적이 있었다. 모빌리티의 배경부터 최근 트렌드까지 정리를 해서 설명을 해주는데 어떤 신입사원이 이렇게 물었다. "선배님, 그래서 모빌리티가 뭔가요?" 때론 화려하게, 최첨단 기술로 느껴지는 이 단어를 명확히 정리할 필요가 있었다. 누구라도 정확히 이해할 수 있게 뾰족하고 시원하게 모빌리티가 무엇이고 왜 중요하게 다뤄지는지 정리하고 싶다는 생각이 문득 들었다.

아무것이나 모빌리티는 아니야

모빌리티를 해석하면 '이동성'이다. 사전적 의미로는 어디든 자유롭게 이동할 수 있다는 것을 의미한다. 하지만 조선시대 가마를 보고 모빌리티라고 막 갖다 붙이진 않는다. 마차를 보고도 모빌리티라고 하지는 않을 것이다. 자유롭게 이동을 하되 이동수단에 IT를 포함해야 하기 때문이다. 지하철, 버스, 택시 그 어떤 교통수단이든 상관없지만 그 교통수단에 IT가 접목되어야 '모빌리티'라고 부를 수 있다. 내가 방금 타고 온 킥보드를 모빌리티라고 부르는 이유는 모바일폰으로 킥보드를 예약하고 GPS 기반으로 위치 정보를 알 수 있도록 IT와 접목이 되었기 때문이다.

"왜 많은 기업이 모빌리티에 주목하는가."

모빌리티가 IT와 결합이 되는 순간 단순한 이동체가 아닌 하나의 IT 기기가 된 셈이다. 더 이상 자동차 회사, 킥보드 회사와 같이 이동수단에 관련된 회사만 관심을 갖는 게 아니라 포털 회사, 전자 회사, 심지어 이커머스 회사 등도 이동수단에 적극적인 관심을 보이고 있다. 이동수단은 하나의 IT 기기이자 IT 서비스가 될 수 있기 때문이다. 모빌리티를 IT 서비스, 기기로 바라보는 순간 기업의 새로운 먹거리가 될 수도 있고 주력 서비스와 연결할 수 있는 가능성을 찾아볼 수 있기에 많은 기업들은 적극적으로 모빌리티를 주목하고 있다.

이커머스 대표주자 아마존 역시 모빌리티에 적극적으

로 투자를 하고 있다. 2019년 아마존은 자율주행 기술을 가진 회사 오로라 Aurora Innovation에 약 5800억 원가량을 투자했다. 그 배경은 매년 아마존이 배송비로 29조가량을 지출하고 있는데 배송비 절감을 위한 조치로 해석된다. 만약 자율주행이 성공적으로 아마존에 장착된다면 지출비를 크게 절감할 수 있을 것이다. 구글 또한 지주회사 알파벳에서 자율주행차 웨이모와 자율주행 드론 회사인 〈윙〉이라는 회사를 출범시켰다. 2021년 8월 기준 벌써 10만 회 이상 드론 배달을 기록하고 있다. 구글이 잘하는 인공지능을 모빌리티까지 확대하여 교통문제를 해결하고 자율주행 기술까지 발전시키려는 것이다. 마찬가지로 중국의 바이두, 우리나라의 네이버와 같이 포털 회사도 앞다투어 모빌리티에 대해 관심을 보이고 있다.

이동수단의 변화가 급격하게 빨라지고 있음을 체감하는데, 하루가 다르게 어느 회사가 어디를 인수하고, 투자했다는 소식이 들린다. 이동체가 IT와 결합되면서 더 이상 전통적인 이동체를 만드는 회사의 마켓 그라운드가 아닌 포털사, 이커머스, 통신사 등 다양한 업종의 회사들이 모두 관심을 가지고 있다. 주도권도 달라질 수 있고 이동수단을 바라보는 접근 자체도 달라질 수 있다. 앞으로 모빌리티의 변화가 어떻게 흘러갈지 꾸준히 지켜봐야겠다.

변화하는
4대 모터쇼

올해 모빌리티 흐름과 앞으로의 3년간 모빌리티 방향성을 알고 싶을 때 관심 있게 찾아보는 정보가 바로 '모터쇼'이다. 현재 전 세계적으로 크고 작은 모터쇼가 열린다. 모든 모터쇼를 통틀어 살펴보면 좋겠지만 시간이 부족할 땐 가장 역사와 전통이 오래된 4대 모터쇼부터 살펴본다. 4대 모터쇼는 제네바 모터쇼, 파리 모터쇼, 뮌헨 모터쇼^작 년까지는 프랑크푸르트 모터쇼, 디트로이트 모터쇼이다.

회사에서 모빌리티 기획 업무를 담당할 때 프랑크푸르

트 모터쇼를 참관할 수 있었다. 참관 전에 딱히 내게 프랑크푸르트 모터쇼의 규모나 다녀온 소감을 말해준 사람이 없어 당시 내 기준은 코엑스의 박람회 정도였다. 별다른 기대 없이 종종 가서 구경했던 코엑스의 한 박람회를 예상했던 것이다. 하지만 도착을 해보니 잠실 종합 경기장의 3배 정도 되는 규모였다. 그냥 멀뚱히 차를 세워놓는 게 아니라 직접 차를 타보는 체험을 하다 보니 자동차가 등장하는 스케일, 관중을 압도하는 분위기 자체가 차원이 달랐다. 과연 4대 모터쇼 중 하나라는 점을 유감없이 자랑하는 듯 전 세계 수많은 사람들이 모였다. 모터쇼장은 무척 에너지가 넘쳤던 기억이 난다. 엄청난 스케일과 콘텐츠로 사람들의 이목을 집중시키는 4대 모터쇼는 각각 어떤 매력과 특색을 갖춘 것일까?

연초, 가장 먼저 시작한다
디트로이트 모터쇼(북미 모터쇼)

북미 모터쇼는 북미에서 가장 큰 모터쇼로 대개 연초

에 시작한다. 가장 먼저 모터쇼를 시작하여 당해연도 신규로 출시되는 완성차량을 선보인다. 그해 처음으로 열리는 모터쇼인 만큼 신차들을 관람하는 재미가 쏠쏠하다. 매년 30~40여 종의 신차들이 나와 가장 먼저 실물의 차량을 두 눈으로 보고 만질 수 있다는 장점이 있다.

1989년부터 시작하여 지금까지 디트로이트에서 명맥을 잇고 있다. 디트로이트는 자동차의 도시로 포드, GM의 본사와 부품업체들이 밀집되어 있다. 이런 지리적 이점을 활용하여 '디트로이트 모터쇼'에서는 그 어떤 쇼보다 북미 지역의 자동차 흐름을 빠르게 포착할 수 있다는 장점이 있다. 북미지역의 트렌드를 주도하는 쇼인 만큼 북미에서 인기가 많은 SUV, Jeep 차량이 경쟁적으로 선보이는 자리다. 때때로 BMW, 메르세데스와 같은 유럽 브랜드가 참여하지 않는 해가 있지만 미국의 BIG3라 부르는 GM, FCA, Ford는 항상 참여하는 모터쇼 행사이기도 하다.

안타깝게도 코로나19 사태가 발생한 이후 몇 차례 행사를 취소했다. 오프라인 행사 대신 2021년은 온라인 컨퍼런스 형태로 행사를 진행했다. 전통적으로 연초에 모터쇼를 진행하다가 2022년은 예외적으로 연말에 개최한다고 발표하기도 했다. 북미 지역 모빌리티의 큰 흐름을 살펴볼 때 참고해 보면 좋은 모터쇼이다.

중립적인 성격을 가진
제네바 모터쇼

북미 모터쇼가 끝나고 몇 개월 뒤 유럽에서 첫 모터쇼가 시작된다. 스위스에서 시작하는 '제네바 모터쇼'이다. 스위스라는 나라가 가진 특수성 때문인지 제네바 모터쇼는 다른 모터쇼와 달리 중립적인 성격을 지니고 있다. 다른 모터쇼는 그 나라의 현지 특성을 살려 북미 차량 회사들이 집중적으로 나오거나 독일 회사들이 주도적으로 참여하는 경우가 많은 편이다. 하지만 제네바 모터쇼는 특정 나라에 치우치지 않고 독특한 콘셉트의 차량이 전시되어 인기를 끌고 있다. 특히 제네바 모터쇼는 초호화 럭셔리카가 가장 돋보이는 쇼로 유명하다. 이렇게 제네바 모터쇼가 럭셔리 차량을 선보이는 장으로 유명한 이유는 '스위스'라는 정치적 특징도 한몫한다. 외국인에 대한 세금이 다른 유럽 국가에 비해 10분의 1밖에 안 되는 데다 은행 비밀주의 덕에 부자들이 돈을 넣어두는 은신처로 활용되고 있다. 이런 배경 때문일까? 제네바 모터쇼에는 유독 초호화 콘셉트카와 럭셔리카가 많이 등장하고 있다.

화려한 볼거리와 모빌리티의 결합
뮌헨 모터쇼(IAA, Internationale Automobil-Ausstellung: 국제 자동차 전시회)

뮌헨 모터쇼는 과거 프랑크푸르트 모터쇼라고 불렸던 모터쇼가 2021년부터 뮌헨에서 개최되면서 명칭이 변경되었다. 뮌헨 모터쇼는 1897년 처음 프랑크푸르트의 한 호텔에서 8개의 자동차를 전시하는 것부터 시작되었다. 약 70년간 홀수 해마다 프랑크푸르트에서 개최하고 있어 4대 모터쇼 중 가장 오랜 역사를 지니고 있다. 최근 해마다 줄어드는 관람객들과 코로나19 상황이 겹치면서 자동차 위주의 쇼에서 새롭게 혁신하고자 2021년부터 새로운 시도를 하고 있다. 보다 적극적으로 참관객을 유치하기 위해 교통 허브인 뮌헨으로 개최지를 변경하여 뮌헨의 볼거리와 모빌리티와 결합하는 시도를 했다. 도시 안에서 모빌리티를 자연스럽게 접할 수 있도록 시도했다는 점이 가장 큰 특징이다.

독일에서 열리는 만큼 독일이 본사인 BMW, 메르세데스 등의 회사들이 화려하게 참여하는 쇼로도 유명하다. 단순히 차 이상으로 볼거리가 풍성해 관람객들에게 인기가 많은 4대 모터쇼 중 하나이다.

실용적이고 합리적인 차량이 많이 눈에 띄는
파리 모터쇼

'파리 모터쇼'는 독일 뮌헨 모터쇼에 이어 두 번째로 긴 전통과 역사를 자랑하는 모터쇼이다. 르노, 푸조, 시트로엥과 같이 프랑스의 자동차 산업을 중심으로 개최되었다. 과거 프랑스 파리 시내의 튈르리 공원에서 '파리 오토살롱'이라는 이름으로 개최되다가 1962년부터 '베르사유

박람회장'으로 옮기면서 오늘날의 '파리 모터쇼'의 형태를 갖추게 되었다. 주로 프랑스 자국 차량 브랜드인 르노, 푸조와 같은 브랜드와 대중적인 차량 위주로 선보이다가 최근에는 콘셉트카와 전기차 위주로 선보이고 있다. 과거의 명성에 비해 규모가 다소 줄어들고 있는 추세이지만 오랜 명맥이 있는 만큼 모빌리티의 큰 트렌드를 반영하여 재기하려는 움직임이 보이고 있다.

이렇게 모터쇼 이야기를 쭉 하고 보니 오프라인 행사가 그립기도 하다. 비록 몸은 축나고 보고서의 압박으로 힘들었지만 모빌리티를 직접 만지고, 생생한 현장감을 느낀다는 건 그 자체로도 충분히 의미 있는 시간이었다. 코로나19로 직접 현지에 가서 접하기는 어려운 상황이지만 요즘에는 회사별로 메타버스 플랫폼을 활용하여 미래 방향성을 보여주는 움직임이 있어 다행이기도 하다. 조만간 직접 눈으로 보고, 체험할 수 있기를 바라며 4대 모터쇼의 특징을 짧게 마무리하려고 한다.

자동차
내부 구성

"AVN이 커지고 있고 HUD에 여러 정보가 표시되고 있습니다."

입사하자마자 첫 회의에 들어갔다. 회의에 참석한 사람들은 모두 한국말을 하고 있지만 뭐라고 하는지 도통 이해하기 어려웠다. 내가 알아듣기 어려운 낯선 용어로 줄곧 말해 한동안 회의에 들어가기만 하면 잠이 쏟아지기 일쑤였다. 용어 자체가 생소했기 때문이었다. 꽤 수년간 이 영역을 보면서 이제 누군가에게 해당 영역을 설명해줄 때 다른 사람 역시 용어 자체를 헷갈려하는 경우가 있어 용어를 정리해보려고 한다.

대시보드(Dashboard)

운전자를 기준으로 앞에 보이는 것들을 의미한다. 전면의 넓은 판(board)을 의미한다. 핸들을 제외하고 앞에 보이는 계기판, 센터페시아 등을 통틀어 대시보드라고 부른다.

계기판(Instrument Cluster)

계기판(클러스터)은 속도나 경고등, 표시등을 표현하는 용도이다. 현재 주행 속도가 얼마나 되는지, 또 연료가 부족한지 엔진에 문제가 있는지 등을 경고해주는 알림판이기도 하다.

윈드쉴드(Windshield)

차량의 탑승자를 보호하는 전면 큰 유리판을 윈드쉴드라고 부른다. 윈드쉴드에 어떤 정보가 표시되는 영역을 HUD, 즉 'Head Up Display'라고 부른다.

HUD

윈드쉴드 영역에서 정보가 표시되는 부분이다. 계기판의 속도나 경고등, 표시등과 같은 정보가 나타나는 영역이 보인다면 바로 그 디스플레이를 HUD라고 부른다. 최근 이 HUD가 발전해가고 있다. 특히 HUD에 AR을 접목하여 보다 다양한 정보가 화면에 표시되고 있는 것 역시 주목할 만한 부분이다.

인포테인먼트 시스템(AVN, Audio, Video, Navigation)

계기판 옆에 음악을 찾거나 라디오 주파수를 검색할 수 있는 디스플레이가 하나 더 보인다. 바로 이 디스플레이의 명칭이 AVN이다. AVN은 오디오, 비디오, 내비게이션의 약자이다. 오디오, 비디오, 내비게이션의 약자라고 하지만 사실 AVN은 이들의 기능 외 동작되는 기능이 많다. 특히 자동차가 홈과 연결이 되고 빌딩 등 다양한 도메인과 기기들과 연결이 되면서 이들을 동작하고 볼 수 있는 영역 역시 AVN이 담당하고 있다.

센터페시아(Center fascia)

센터페시아(Center Fascia)는 대시보드의 가운데 영역을 통칭한다. 보통 AVN도 가운데에 있기 때문에 센터페시아와 헷갈릴 수 있다. 하지만 센터페시아는 가운데에 있는 모든 영역을 의미한다고 볼 수 있고 AVN은 센터페시아 중 오디오, 비디오, 내비게이션과 같은 앱을 컨트롤할 수 있는 디스플레이만 해당한다. 센터페시아는 보다 더 넓은 개념으로 AVN 디스플레이 밑에 있는 공조 컨트롤까지도 포함한다.

여기까지가 자동차 실내를 통칭하는 여러 용어이다. 처음에 이 낯선 용어 때문에 이해도 안 되고 어려움이 많았다. 하지만 점차 해당 영역을 파악하면서 용어만 낯설지 이미 많이 보고 만져봤기에 용어만 정리하면 금방 또 적응이 되기도 했다. 앞으로 관심 있는 영역에 대해 자주 이야기를 나누면서 조금씩 생각하고 있는 분야를 정리해 나가야겠다.

_____

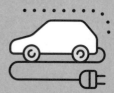

_____

PART 2

시공간이
연결되다

TaaS, MaaS, LaaS가
대체 뭐길래

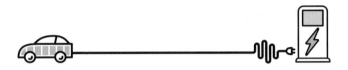

　매년 1월만 되면 IT 회사들이 분주해진다. 바로 'CES'라는 행사 때문이다. 최근 5년 동안 TV, 모바일이 주로 등장했던 CES 쇼에서 자동차 회사들이 꽤 자주 모습을 비치고 있다. 올해 역시 모빌리티가 많이 등장했는데 단순히 내연기관의 성능에 집중했다기보다는 모빌리티로 어떤 서비스를 하려고 하는지에 대해서 발표했다. 최근 몇 년 사이 모빌리티와 모빌리티를 활용한 서비스는 아주 중요한 화두로 떠오르고 있다.

　택시로 서비스를 하거나 차량을 빌려주고, 차량으로

물건을 배송하는 등 모빌리티를 활용한 서비스는 무척 중
요해지고 있다. 모빌리티를 활용하는 서비스뿐만 아니라
결제를 하거나 예약을 하는 등의 보다 넓은 범위의 모빌
리티 서비스까지도 발전하고 있는데, 이렇게 서비스가 부
각되면서 'MaaS 마스'라는 용어가 등장하게 되었다. MaaS
는 'Mobility as a Service'로 서비스로서의 모빌리티를 의
미한다.

MaaS가 얼마나 좋길래 모두들 강조하는 것일까

모빌리티가 서비스로서 통합되면 모든 이동수단이 하
나로 연결될 수 있다. 서울에서 평택 집으로 떠난다고 가
정할 때 일단 지하철을 타고 서울역까지 간 다음 다시 기
차표를 구입해서 기차를 타고 평택역에 도착한다. 그리고
또 버스를 타고 집으로 가야 한다. 이런 일련의 과정이 하
나로 통합되는 것이다. 예약, 결제, 모빌리티 간 연동뿐만
아니라 나아가 보험과 차량 공유와 같은 서비스도 MaaS
의 한 예가 될 수 있다. 사람의 이동 관점에서 모빌리티와

관련된 서비스를 모두 MaaS로 통칭한다고 볼 수 있다. 이렇게 킥보드를 타든, 전기 자전거를 타든 모든 모빌리티들이 서비스로 연결된다. 서비스로서 통합된 모빌리티가 끊김 없이 유연하게 연결되어 훨씬 편하게 이동할 수 있다.

사회적으로도 긍정적인 효과를 가져다준다. 도로가 꽉 막히거나 번잡할 때, 소요되는 시간적 손실과 노동력을 절감시킬 수 있다. 모든 모빌리티가 서로 연결되어 있으면 어디가 안 막히는지, 어떻게 가면 좀 더 효율적으로 이동할 수 있는지 알 수 있어 더욱 MaaS를 주목하고 있다.

LaaS는 또 무엇인가

처음에는 MaaS에 주목하더니 최근에는 LaaS가 떠오르고 있다. MaaS는 사람 중심의 이동에 초점이 맞춰져 있는 반면 'LaaS Logistics as a Service'는 사람이 아닌 물류 이동에 초점이 맞춰져 있다. 사람의 이동뿐만 아니라 식품을 배달하거나 화물을 운송 중계하는 플랫폼으로서의 서비스가 활용될 수 있는 것이다.

우버는 처음 택시 서비스로 시작했다가 코로나19 이후 물류나 식품 배송에 더욱 집중하고 있다. 음식을 배달하는 우버 이츠 역시 좋은 예이다. '우버 이츠'의 음식 배달 중계 수수료가 30퍼센트임에도 전체 우버 서비스 중 20퍼센트 이상의 매출을 자랑하는 비즈니스로 각광을 받고 있으니 효자노릇을 톡톡히 하는 신규 비즈니스 모델인 셈이다. 올해 CES 2021 역시 자동차 회사 GM이 물류사업 '브라이트 드롭'을 신사업으로 발표했다. 전기차를 통해 물류를 쉽게 운송하도록 하겠다는 내용인데 코로나19 이후 LaaS가 무척 중요해질 것으로 생각된다.

TaaS는 더욱 큰 개념

'TaaS Transportation as a Service'는 MaaS와 LaaS가 합쳐진 개념이다. 사람의 이동, 물류의 이동을 전부 아우르는 상위 개념으로서의 교통 서비스인 것이다. 차량의 하단부와 상층부를 나누어 이동과 물류에 따라 자유롭게 성격을 달리하여 서비스를 제공할 수도 있고 목적에 따라 모빌리티가 달라질 수 있다. 어쩌면 단순한 스케이트보드도 TaaS 형태의 모빌리티가 될 수 있고 큐브 타입의 셔틀도 TaaS 모빌리티가 될 수 있다. 다양한 사람, 물건, 무언가를 옮기기 위해 모빌리티가 유동적으로 변하는 것이 가장 대표적인 TaaS라고 볼 수 있다.

네이버와 카카오의
MaaS 서비스

약 3년 전이었을까, 여름휴가로 핀란드에 잠시 여행을 떠났던 적이 있었다. 아주 잠깐 머물렀기에 기억나는 여행지는 별로 없었지만 한 가지 인상적인 앱은 있었다. 바로 '윔(Whim)'이라는 앱이었는데 기차역을 가도, 지하철역을 가도 온통 이 앱을 선전하고 있었다. 당시 우리나라의 카카오처럼 '국민 메신저인가?' 생각될 정도였는데, 알고 보니 대표적인 교통 서비스 앱이었다. 나중에 전 세계에 널리 퍼져 벤치마킹이 될 정도로 윔은 선풍적인 인기를 끌게 된다.

윔은 핀란드 헬싱키에 있는 여러 교통수단을 하나의 앱 안에서 모두 연동되게 한 서비스이다. 월간 일정한 금액을 내면 기차와 지하철은 물론이고 킥보드와 버스까지 교통수단이 모두 하나의 서비스로 연동되고 있다. 'MaaS', 즉 서비스로서의 모빌리티라는 이름의 이 서비스는 현재 위치에서 최종 목적지까지 연결하는 모든 교통수단을 하나로 연결시켜 결제, 탑승까지 한 번에 할 수 있게 앱에 연동되어 있다.

최근 우리나라도 윔과 같이 앱 안에 여러 모빌리티가 서로 연동되는 서비스가 빠르게 성장하고 있다. 대표적으로 카카오맵과 네이버 길찾기가 여러 모빌리티를 연결시키는 대표적인 서비스이다. 앱을 켜서 목적지를 입력하는 순간 목적지까지 갈 수 있는 방법이 나타난다. 우리 집에서 한국 민속촌으로 갈 수 있는 지하철 노선도가 나오는 것이 아니라 집에서 지하철역까지 갈 수 있는 버스부터 지하철, 다시 지하철역에서 한국 민속촌까지 갈 수 있는 버스까지 다다르는 방법을 제시하고 있는 셈이다.

게다가 2021년 2월부터는 카카오 맵, 네이버 길찾기 모두 KTX, 기차까지 연결하여 앱 안에서 모두 활용할 수 있게 되었다. 그동안 코레일 기차표 예매 사이트에서만 구할 수 있던 기차표를 네이버 길찾기나 카카오 맵에서도 구매할 수 있게 된 셈이다. 하나의 교통수단 정보가 나오는 것이 아니라 버스, 지하철, 기차, 전동 킥보드 등 다양한 교통수단이 연결되어 최종 목적지까지 다다를 수 있는 방향을 더욱 풍성하게 만들고 있다.

모든 교통수단이 서로 연동되는 방향성은 동일하지만 회사별로 MaaS 서비스가 진화하는 방향은 조금씩 다르다. 먼저 네이버의 길찾기는 현재 위치에서 맛볼 수 있는 카페나 음식점 정보가 연동되어 나타난다. 길을 찾으면 연관되는 맛집 정보나 갈 만한 장소를 추천해주면서 커머스나 광고로 연결하려는 시도를 보여주고 있다.

반면 카카오는 카카오가 구축해왔던 여러 가지 모빌리티를 좀 더 유연하게 연동하려는 시도를 하고 있다. 카카오 바이크, 스마트 주차 등 다양한 서비스들을 한데 묶어 카카오가 기존에 구축한 모빌리티를 사람들이 좀 더 원활하게 사용할 수 있는 방향으로 진화하는 부분이 네이버 길찾기와는 다르다.

사용자에게 어떤 경험요소를 제공할지는 결국 회사가 어떤 경영전략으로 나아갈지에 따라 크게 달라질 수 있다. 만약 회사가 길찾기를 통해 커머스 영역을 활성화시킨다는 전략이 있다면 소상공인이 직접 참여해서 만들어가는 서비스를 할 것인지, 자신의 정보에 따라 추천 서비스를 달라지게 만들 것인지 등 여러 경험 요인이 달라질 수 있다. 여러 가지 모빌리티를 더욱 풍성하게 사용하게 하는 것이 목적이라면 어떻게 모빌리티 간 유기적으로 연동되어 사용할 수 있도록 만들 것인지 관계의 복잡도를 얼마나 높이고 낮출 것인지 등을 고민해봐야 할 것이다.

이렇게 하나의 MaaS 서비스만 놓고 보더라도 어떤 사업 전략에 따라 UX는 달라질 수 있다. 무조건 단순한 서비스나 자동화된 서비스를 제공하기보다는 회사가 지향하는 사업전략에 따라, 사람들이 원하는 방향에 따라 얼마든지 UX는 유기적으로 변경될 수 있다. 점점 진화해 나가는 MaaS 서비스의 UX를 바라보며 어떤 행보를 보일지가 기대된다.

골목길 구석구석을 연결하는
마이크로 모빌리티

지난주 책을 반납하러 대학원에 갔다. 학교 정문 앞에는 대문짝만하게 카카오 모빌리티와 '마이크로 모빌리티' 시범 사업을 한다는 안내문이 붙어 있었다. 그러고 보니 언제부터인지 제법 학교 내에서 자전거나 스쿠터와 같이 자동차 외의 다양한 모빌리티를 타고 다니는 사람들을 많이 만난다. 나도 호기심에 자전거를 교내에서 잠깐 빌려 타보았는데 확실히 언덕길을 올라가거나 띄엄띄엄 떨어져 있는 건물들을 오갈 때 편리하다. 자동차로 이동하기에는 무겁고, 걸어가기엔 애매할 때 킥보드, 자전거,

오토바이와 같은 모빌리티는 빛을 발한다.

마이크로 모빌리티, 마지막 1마일까지

'마이크로 모빌리티'는 일반적으로 5마일 미만의 단거리 운송수단을 의미한다. 좁아터진 골목길이나 차를 타고 가기에는 애매한 장소들은 마이크로 모빌리티로 이동하기 알맞다. 직접적으로 현지 공기를 느끼며 주변 경관을 둘러보고 싶을 때 역시 마이크로 모빌리티를 이용하기 좋다. 그래서 세계적인 관광도시일수록 마이크로 모빌리티가 특히 발달되어 있다. 나도 처음 마이크로 모빌리티를 접했던 도시가 관광도시 '말라가'였다. 이렇듯 관광도시일수록 마이크로 모빌리티에 대한 관심이 크다.

마이크로 모빌리티가 떠오르는 이유는?

마이크로 모빌리티가 부흥하는 이유는 친환경적이고 구석구석 디테일한 연결을 가능하게 만들어주기 때문이다. 특히 환경에 대한 문제는 일반 개인의 문제를 넘어 도시와 국가까지 확대되고 있어 행정 차원에서 마이크로 모빌리티를 장려하기도 한다.

프랑스 파리는 자동차 전용 도로를 자전거 도로로 변환하고 있다. 미국 시애틀은 30킬로미터 구간의 자동차 도로를 폐쇄하고 마이크로 모빌리티 도로로 사용하겠다는 정책을 발표했다. 캐나다 몬트리올 역시 320킬로미터 규모의 마이크로 모빌리티 도로 계획을 발표하여 도시 차원의 성장을 지원하고 있다.

마이크로 모빌리티는 구석구석 디테일한 연결을 통해 소비자들에게 편리함을 제공한다. 자동차를 타기까지의 퍼스트 마일과 라스트 마일을 책임져 기존 교통 시스템이 해결하지 못한 이동성을 충족시켜 준다는 장점이 있다. 꽉 막힌 교통 상황 속에 마이크로 모빌리티를 통해 구석구석 빠르게 이동할 수 있다는 장점도 크다.

그 외에 재미, 상대적으로 적은 가격 부담과 편한 이동성도 장점이다. 마이크로 모빌리티를 사람들이 활용하는 이유로는 재미적인 요소가 크다. 직접 야외 공기를 마시며 운전의 맛을 느낄 수 있고, 상대적으로 저렴한 가격에 쉽게 마이크로 모빌리티로 이동할 수 있다는 장점이 매력적으로 다가간다.

하지만 장밋빛 밝은 전망만 예상되는 상황은 아니다. 먼저 급격한 성장으로 관리하기가 어렵다는 점이다. 기기 숫자가 늘어나는 만큼 사람들이 이용하고 아무 데나 던져놓고 가기 때문에 끊임없는 민원이 발생하고 있다. 심지어 2020년 전동 킥보드에 대한 민원은 무려 2000여 건이나 접수되어 심각한 행정 문제를 만드는 사태까지 벌어졌다. 도로에 아무렇게나 버리고 가는 것은 물론이고 지하철 역사 입구나 도로 한가운데 등 예상치 못한 장소에 주차를 하는 경우도 큰 문제이다.

급격한 공유 서비스의 증가와 안전장치의 부재로 인해 사고의 위험성에 노출되어 있다는 점도 문제로 꼽힌다. 2020년 서울소방당국에 의하면 킥보드를 타면서 발생한 문제가 전년대비 2배 이상 증가했다고 한다. 한국교통연구원이 제출한 〈개인형 이동수단 활성화 및 안전에 대한 연구 자료〉에 따르면 주로 횡단보도에서 킥보드 사고가 발생하고 있으며, 심지어 사망 사고까지 발생했다는 내용을 발표했다.

전기를 활용하는 퍼스널 모빌리티의 하나인 전동 킥보드는 상시 충전을 해야 하는 문제가 있다. 만약 근처에 충전 인프라가 완비되어 있지 않다면 마이크로 모빌리티를 이용하는 데 한계가 생긴다. 충전을 하려고 해도 마이크로 모빌리티의 충전기 코드는 모두 다르다. 각 기기별로 충전방식이 다른 것이다. 범용으로 사용할 수 있는 인터페이스나 앱이 다르기에 매번 학습을 해야 하는 문제가 있다.

그렇다면 앞으로의 마이크로 모빌리티 방향에 대해서 생각해봐야 한다. 도시 문제를 해결할 수 있는 수단으로 마이크로 모빌리티는 더욱 주목을 받을 것이다. 다만 마이크로 모빌리티가 더욱 도시에 이로운 역할을 하기 위해서는 몇 가지 문제를 선제적으로 해결할 필요가 있다.

마이크로 모빌리티 활성화를 위한 인프라 확충이 더욱 중요해질 것이다. 마이크로 모빌리티만 늘어난다고 해서 활성화될 수 있는 문제가 아니다. 마이크로 모빌리티는 계속 충전을 해주어야 하고 실시간 관제가 필요한 문제를 안고 있다. 충전 문제로 배터리의 잔존가치에 대한 부분은 앞으로도 무척 중요하게 다뤄질 것이다. 충전량에 대한 오차가 발생하면 안 되니 실시간 효과적으로 충전량을 계산하는 기술은 더욱 각광을 받을 것이다.

대만의 마이크로 모빌리티 업체인 〈고고로 Gogoro〉와 같이 자판기에서 배터리를 구매해 탈부착할 수 있는 형태의 기술을 활용할 수도 있다. 범용으로 어떤 충전기라도 충전을 할 수 있도록 충전-배터리 충전기기 공용화를 위해 충전-배터리 통신의 인터페이스를 맞추는 기술도 앞으로 더욱 중요해질 것이다. 이렇게 지속 가능한 마이크로 모빌리티 사업을 위해 정부나 모빌리티 회사들은 인프라 확충과 혁신적인 기술에 대한 투자가 이어질 것으로 보인다.

더 나아가 마이크로 모빌리티 활성화를 위해 도시 차원의 집중적인 투자가 예상된다. 도시의 모빌리티 문제는 어제오늘의 일이 아니다. 끊임없이 도심 정체가 발생하고 이산화탄소 배출량에 대한 심각한 환경 문제로 도시 차원에서 마이크로 모빌리티를 더욱 장려할 것으로 보인다.

따라서 도시가 주도적으로 마이크로 모빌리티 사업자들을 모집하여 사업을 활성화시키는 제안 등이 더욱 활발해질 것이다.

말라가에서 우연히 킥보드를 접한 뒤 마이크로 모빌리티에 관심을 갖게 되었다. 아마 안 타본 사람은 있어도 한 번만 탄 사람은 없을 거라는 생각까지 할 정도로 재미있는 경험이었다. 그러다 생명과 직결되는 규제 때문에 한동안 마이크로 모빌리티를 멀리 하게 되었다. 아마 나뿐만 아니라 많은 사람들이 강력한 규제가 발표된 이후 조금은 주춤하지 않았을까.

그러나 마이크로 모빌리티 나름의 장점은 분명하다. 그 장점과 규제 사이의 줄다리기를 통해 타협점을 찾아나갔으면 좋겠다. 분명 마지막 1마일까지 편리하게 이동하고 싶은 사용자의 니즈는 앞으로도 존재할 테니 말이다. 가벼우면서 재미있게 이동할 수 있는 권리를 좀 더 넓고 크게 제공받기를 내심 바라는 마음이다.

모터쇼에서의
마이크로 모빌리티

엊그제만 하더라도 에어컨 없이 잠을 이룰 수 없었는데 갑자기 날이 서늘하다. 9월, 담요가 필요할 때쯤 마음이 분주해진다. 바로 4대 모터쇼 중 하나인 '프랑크푸르트 모터쇼'가 본격적으로 열리기 때문이다. 그런데 올해 모터쇼는 어딘가 다르다. 70년간 굳건히 세계 4대 모터쇼로 자리매김한 '프랑크푸르트 모터쇼'는 '뮌헨 모터쇼'로 명칭이 바뀌었고, 전시일자도 기존 10일에서 일주일로 짧아졌다. 한때 나도 2017년 프랑크푸르트 모터쇼를 다녀왔던 기억이 난다. 이땐 독일 분위기를 느낄 새도 없이 돌아다니면서 취재를 했던 기억이 난다. 만약 지금 갔다면 옥토버페스트와 함께 즐겁게 관람을 했을 텐데 코로나19 시국이라 또 여의치가 않다. 아쉬운 대로 일주일 남은 시점에서 어떤 움직임이 있는지 살펴보았다.

뮌헨 모터쇼 2021의 가장 큰 차별점은 개최 장소이다. 올해부터는 이제 독일 뮌헨에서 개최를 하고 1주일 정도 짧게 진행을 한다. 2021년 IAA는 세계 25개국에서 500개 이상 업체가 출전할 예정이다. 이번 모터쇼의 주제는 'IAA Mobility'로 도시 공간을 연결하는 마이크로 이동성을 소개할 예정이다. 친환경이 화두가 되는 가운데 전기 모빌리티 역시 중요한 주제로 부 각되고 있다.

이번 뮌헨 모터쇼만이 가지는 독특한 점은 '자전거 업체'의 적 극적인 참여이다. 50여 개의 업체가 참여하여 도심 오픈 플레 이스에서 선보인다고 발표했다. 독일의 명품 자전거 브랜드인 '베르가몬트'부터 시작하여 케틀러, QiO 브랜드까지 이번 IAA 2021에 참여한다. 마이크로 모빌리티 코스는 야외 부스가 마 련되어 직접 전기 자전거를 타면서 테스트를 해볼 수 있다.

특히 다이내믹 픽업, 배송식 모빌리티가 나타난 것이 인상적 이다. 올해 7월 BMW는 다이내믹 삼륜 카고 바이크를 생산할 계획을 발표했는데 바로 IAA 2021에서 선보여 테스트를 해볼 수 있다. 'SoFlow Clever Commute e-scooter'라는 콘셉트답 게 접이식으로 도시 통근에 유연하면서 여러 물건들을 실어 나를 수 있도록 제작되어 주목을 끌고 있다.

E-Bike를 주목하다

이번 뮌헨 모터쇼는 모빌리티를 전면에 내세워 도시에서의 이동성을 강조한다. 도시 교통을 완화하면서 자연스럽게 환경 을 보호할 수 있는 방안을 모색하고 있다. 자연스럽게 이번 모 터쇼는 'eBike'를 전면에 내세우고 있다. 시장 성장률만 보더 라도 어마어마하다. eBike는 2019년과 비교하여 전년 대비 34 퍼센트 증가하여 2020년 EU와 영국에서 450만 대의 엄청난 규모로 판매된 이력이 있다. 이렇게 점점 소비자들이 eBike를 이용하면서 보쉬는 향후 5년 동안 도심지 교통수단 중 eBike 가 가장 중요해질 것으로 기대한다면서 eBike 관련 기술을 대 거 보여주고 있다.

IAA 2021의 큰 특징 중 하나로 '오픈 스페이스'를 들 수 있다. 전통적인 전시장에서 벗어나 도시 전체를 박람회장으로 활용하고 있다. 홀 B4, B5, B6에 걸쳐 4개의 테마별 영역(빈티지 자동차, 스포츠카, 바이크, 모터스포츠)을 가까이서 살펴볼 수 있다. 뮌헨의 도심 곳곳을 활용하여 전시 공간을 꾸며 놓았다. 오데온 광장, 쾨니히 광장, 브리너 슈트라세 등 뮌헨 곳곳을 홀로 만들어 일상 속의 모빌리티를 경험할 수 있도록 만들고 있다.

'블루 레인(Blue Lane)'이라는 이름으로 오픈 스페이스와 전시홀의 공간을 마이크로 모빌리티를 통해 서로 연결하는 시도 역시 새롭게 구성하고 있다. 전기자전거, 셔틀버스를 통해 모빌리티가 미래에는 어떤 모습일지 예상할 수 있도록 인사이트를 제공하려는 시도를 하고 있다.

좁은 골목길을 지나칠 때면 종종 킥보드를 본다. 이런 곳까지 킥보드가 들어올 수 있다니라는 생각과 함께 점점 마이크로 모빌리티가 우리 일상 속에 깊숙하게 파고들었다는 것을 새삼 느끼게 된다. 특히 코로나19 사태 이후 배송이 늘면서 점점 출발지에서 목적지까지의 배려 깊은 이동성은 더욱 중요해질 것으로 보인다. 나도 오랜만에 자전거를 타면서 자유를 느꼈고, 내가 원하는 최종 목적지까지 유연하게 갈 수 있는 편리함도 누릴 수 있었다. 아마도 점점 많은 사람들이 마이크로 모빌리티를 활발하게 활용하여 좀 더 유연하고 자유로운 이동을 즐기려 하지 않을까 생각한다.

퍼스트 마일과
라스트 마일

모빌리티를 연구한다고 하지만 자주 운전하지는 않는다. 움직이는 시간을 생산적으로 보내고 싶다는 바람 때문에 운전하는 대신 지하철과 버스로 이동을 한다. 10분 거리에 있는 카페에 가거나 버스를 타고 한 정거장 정도 이동을 하는 건 꽤나 효율적인 편이다. 주차할 곳이 마땅하지 않은 서울에선 특히 효율적이다.

한 가지 아쉬운 건 오늘 같은 날이다. 집에서 꽤 떨어진 카페가 괜찮아 보여 버스를 타고 이동을 하는데 버스를 타도, 지하철을 타도 주변 역에 데려다줄 뿐 최종 목적지는 스스로 찾아가야만 했다. 가는 도중에 핸드폰까지 꺼지는 바람에 처음 가보는 카페를 지도 없이 찾아가려는데 어찌나 답답하던지 한참 주변을 서성거렸다. 지하철이 카페까지 데려다줄 수 있다면, 버스가 우리 집까지 데려다줄 수 있다면 얼마나 좋을까.

이렇게 최종 목적지까지 이동해 달라는 사용자의 니즈가 갈수록 커지고 있다. MaaS 서비스는 궁극적으로 최종 목적지까지 데려다주기 위해 다양한 모빌리티들을 연계시키는 서비스를 개발하고 있다. 바로 이렇게 최종 목적지까지 책임지고 데려다주는 서비스를 '라스트 마일' 서비스라고 한다. 반면 퍼스트 마일은 가장 처음으로 이동수단을 이용하기 위한 행동을 의미한다. 카페를 가기 위해 버스를 탔다면 바로 버스를 타기까지의 행동이 '퍼스트 마일'이라고 볼 수 있다.

퍼스트 마일과 라스트 마일이 특히 민감한 산업군은 뭐니 뭐니 해도 바로 '물류'이다. 고객과 가장 먼저 만나는 과정이자 가장 마지막으로 고객을 경험하는 시간이기에

그 어떤 산업군보다 민감한 영역이다. 요즘에는 가장 강렬한 사용자 경험이 형성될 수 있어 퍼스트 마일과 라스트 마일 자체가 하나의 전략적 경쟁력으로 활용되는 추세이다. 마켓컬리의 새벽배송이나 쿠팡의 로켓배송 모두 라스트 마일의 효율을 높여 소비자 경험을 만들고 있고, 제품 할인보다 배송의 효율을 극대화하는 데에 소비자는 후한 점수를 주고 있다.

그럼, 어떻게 하면 퍼스트 마일과 라스트 마일 경험을 극대화할 수 있을까? 결국 방대한 양질의 데이터와 효율적인 관리 시스템이 필요하다.

사람들이 언제 모빌리티를 가장 필요로 하고 몇 킬로미터 떨어진 곳까지 이동하는지, 무엇 때문에 이동이 필요한 것인지 등을 데이터로 확보하는 순간 퍼스트 마일과 라스트 마일의 서비스 질이 올라간다. 고객에게 더욱 개인화된 서비스를 만들어 나갈 수도 있고 시간은 단축된 채 최소한의 비용으로 서비스 질이 올라갈 수 있다. 사람들의 데이터가 쌓이면 퍼스트 마일, 라스트 마일 모빌리티가 달라지게 된다. 3킬로미터 미만일 경우에는 자전거나 킥보드로 퍼스트 마일, 라스트 마일을 시도할 수 있게 되고 100 킬로미터 이상이 되면 전기차로 이동을 고려해볼 수 있다.

데이터가 계속 수집된다면 수많은 모빌리티의 위치, 연료, 물류의 상태 등을 종합적으로 판단해 적재적소에 효율적으로 관리할 수 있도록 지원이 가능해진다. 데이터를 통해 고객이 어떤 취향이라는 것을 파악하는 순간 고객과 더 가까이에 있는 퍼스트 마일 모빌리티가 빠르게 어떤 서비스를 제공할 수 있는 셈이다.

어쩌면 앞으론 유통, 모빌리티, 물류 모두 제품 자체의 가격 경쟁력보다 퍼스트 마일과 라스트 마일의 경험을 누가 더 긍정적으로 극대화하느냐에 따라 사업 성패가 달라질 수 있다고 생각한다. 아마도 코로나19 이후 온라인 쇼핑이 늘어나면서 물류 서비스가 커지게 되고 퍼스트 마일과 라스트 마일의 경험에 주목하게 될 것이다. 이제 막 생겨나는 서비스인 만큼 퍼스트 마일과 라스트 마일은 앞으로도 계속 고민해야 될 것이다.

_____

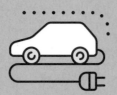

_____

PART 3

모빌리티에
또 다른 공간이
스며든다

테슬라를 게임 체인저라고
부르는 이유

　한동안 '게임 체인저'라는 단어를 자주 들었다. 모든 업계에서는 제품 자체를 혁신하는 시대는 끝났고 아예 게임의 룰을 바꿔 나가야만 생존할 수 있다고 외치고 있었다. 사람들이 어디를 보고 있고 업계는 어떠한 방향으로, 무엇을 바라보고 진화해 나가는지 관심 있게 들여다보기 시작했다. 그러면서 사람들은 '테슬라' 이야기를 하게 되었다. 가장 게임의 룰을 잘 바꿔 나간 사례라고 테슬라를 꼽으며 어떻게 가능했는지를 연구하기 시작했다. 왜 사람들은 테슬라를 게임 체인저라고 말하는 것일까?

유통 방식의 혁신

테슬라가 게임의 룰을 바꾸기 위해 표면적으로 시도한 몇 가지를 엿보려고 한다. 먼저 유통 방법에 있어서 테슬라는 직접 자동차를 만들면서 또 직접 판매도 한다. 자동차 회사가 직접 사이트를 개발해 온라인 쇼핑을 하듯 간편하고 즐거운 구매가 가능하도록 도와준다.

차량 판매에 있어 온라인 쇼핑은 미개척지였지만 테슬라는 과감하게 온라인 판매 영역에 진출했다. 홈페이지에서 모델, 색상이나 원하는 디자인을 선택한 뒤 계약금을 지불하면 차를 판매하는 시스템을 구축한 것이다.

디자인의 혁신

테슬라를 구입한 사람들에게 특별한 자부심을 주기 위해 인테리어까지 혁신적으로 변화했다. 특히 2021년에 새로 나온 신형 모델 S와 X는 마치 공상과학 영화 속에서나 볼 법한 인테리어를 장착한 채 등장했다. 내부 인테리어는 소수의 고객에게 특별한 자부심에 영향을 주기 위해 혁신적으로 바꾸었다. 기존의 차량과는 많이 다르다는 것을 알 수 있다. 2021년 새로 나온 모델 S와 X를 살펴보면 얼마나 실내 인테리어가 혁신적인지 한 번에 느낄 수 있다. 기존의 원형, D형 스티어링 휠 대신 요크 타입의 스티어링 휠을 적용했다. 놀라운 것은 스티어링 휠에 어떠한 물리적 버튼을 적용하지 않고 포스 터치 방식으로 조작하도록 변경한 것이다. 방향 지시등이나 조명, 경적 등 휠에 일반적으로 적용할 만한 물리적인 기능은 빠진 채 터치로 모든 것을 조작할 수 있도록 설계한 것이다.

디스플레이 역시 다른 자동차 회사 대비 가장 앞서서 대화면 디스플레이를 장착해 시원시원한 인터페이스를 갖추었다. 이번에 나온 테슬라 같은 경우에는 가로, 세로 화면을 모두 변경할 수 있도록 구성해 사용자 편의성을 더욱 극대화했다고 볼 수 있다. 그 어떤 자동차에서도 시도하지 않았던 방식을 테슬라는 과감하게 시도한 셈이다.

비즈니스 모델의 혁신

그동안 환경 문제나 사회 문제는 기업들에게 외면당하거나 의무적으로 다가왔던 요소이다. 해결해야 하는 숙제라는 것은 알겠지만 딱히 수익에 직결되지 않으니 신경쓸 겨를이 없었다고 이야기하는 게 더 맞을지도 모르겠다. 반면 테슬라는 환경을 의무라고 생각하기보다는 일종의 사회적 현상이라 생각하고 철저히 준비해 수익화를 실현했다. 예를 들어 2022년부터 전기차용 배터리가 부족해질 것이라고 예상하면서 적극적으로 전기차용 배터리 공장을 미국 등지에 세우고 파나소닉이나 LG화학과도 전략적인 제휴를 맺으면서 빠르게 문제를 해결해 나가고 있다.

핸드폰을 구매하면 통신요금이 사용하는 내내 발생하듯 자동차를 구매하면 주유비는 늘 발생하게 된다. 테슬라는 늘 필요로 하는 전기 에너지 자체에 집중해 전기 충전을 통해 수익을 확보하려는 전략을 펼치고 있다. 즉 차를 판매하는 것이 아니라 차를 구매하면 반드시 필요한 연료 자체의 주도권을 확보해 나가는 셈이다.

전기 충전에 대한 다수의 특허를 외부에 공개해 테슬라의 전기차 충전 시스템을 표준화하려는 노력을 하고, 전기 자체를 생산하고 판매할 수 있도록 만들어 사회적 문제를 해결하면서 기업의 핵심 가치인 수익 창출까지 연결시키는 구조로 발전시켰다는 점에서 비즈니스의 판을, 게임의 룰을 완전히 뒤엎었다고 볼 수 있다.

사업 방향의 혁신

마지막으로 차량 자체를 판매하는 데서 수익을 실현하기보다는 서비스를 사고팔 수 있는 일종의 앱스토어를 만들어 수익화를 만들려는 시도를 하고 있다. 테슬라의 앱스토어 내에서 여러 서드파티 개발 업체들이 다양한 앱을 만들어 사용하도록 하면서 중개 수수료를 수익화할 수 있도록 만드는 것이다. 자동차를 얼마나 많이 파느냐에 집중하기보다는 자동차를 이용하면서 자연스럽게 사용하게 되는 음악, 비디오, 스케줄 등의 여러 서비스들을 계속 만들면서 발생되는 지속적 수익에 사업의 방향을 맞추었다.

사용자의 요구 조건은 더욱 까다로워지고 경쟁은 더욱 치열해지는 가운데 생존을 위해서는 자신의 회사에 유리한 방향으로 비즈니스를 바꿔 나가는 방식이 중요하다고 생각한다. 테슬라의 가치가 고공행진을 하는 이유가 어쩌면 시의적으로 유연한 방식으로 게임의 룰을 잘 바꿔서일 것이라고 생각한다.

자동차 회사가 만든 보험에
열광하는 이유

2020년 10월, 테슬라 실적 발표에서는 조만간 테슬라 자동차 산업의 포트폴리오에 보험업이 30~40퍼센트 정도 비중을 차지할 것이라고 발표했다. 과연 그럴까라는 생각이 무색하게 테슬라가 2020년 8월, 자동차 보험업에 전격 진출을 시작하더니 빠르게 보험업을 확장하고 있다. 미국 캘리포니아를 시작으로 벌써 텍사스, 이스라엘, 홍콩, 아랍, 독일 등에서 보험을 출시하고 있다. 왜 테슬라 보험은 빠르게 성장하고, 어떤 점이 타 보험사와 다른 것일까?

가격이 저렴하다

테슬라 보험이 기존 보험에 비해 다른 점은 가격이 저렴하다는 것이다. 기존 보험사 대비 보험료가 60퍼센트 이상 절감되어 합리적인 가격대로 이용할 수 있다. 테슬라 모델 S와 모델 3 소유주가 미국 대형 보험사인 스테이트 팜 보험에서 테슬라 보험으로 변경했을 때 보험료가 551달러(62만 원)에서 193달러(22만 원)로 줄어드는 사례도 나타나고 있다. 저렴한 가격대가 나오면서 테슬라 차량의 소유주들에게 지지를 얻고 있다.

접근성이 쉽다

테슬라 보험 사이트 첫 화면에는 '1분 안에 합리적인 가격으로 견적을 받으세요'라는 매력적인 문구가 기재되어 있다. 자동차 보험을 가입하기 위해서는 번거로운 절차들이 많다. 어느 보험사의 가격이 저렴할지 찾아보는 것부터 신청을 위해 관련 정보를 홈페이지에 적어놓거나 상담원 연결을 한다. 보험을 가입하기 위해 필요한 정보 기입부터 시작해서 어떤 보험 상품이 괜찮을지 상담원과의 연락을 통해 오랫동안 시간과 노력을 투자해야 한다. 반면 테슬라 보험은 견적 받기를 누르면 바로 이상적인 보험에 대한 견적이 나와 쉽게 등록까지할 수 있다.

직관적이고 전문적인 보험 패키지 구성

보험 패키지는 직관적으로 구성이 되어 있는데, 특히 주목할 부분은 '자율주행차 보호 패키지'이다. 자율주행차는 이제 막적용되는 신기술이고 보험 서비스를 하는 업종보다 자동차를 만든 제조업이 잘 아는 부분이다. 자율주행차의 특성을 반영하여 자율주행차 자체의 결함이 생길 때 보상을 해주고, 뿐만아니라 충전기와 전자키 교체 등의 문제도 적극 보상을 해주어서 자율주행차 이용자들의 호응을 이끌어내고 있다.

사고 처리와 해결이 간편하다

왜 테슬라 자동차 회사는 직접 보험 회사를 만들었을까? 어떤 시너지가 나길래 사업 다각화를 감행했을까? 테슬라 보험은 자동차에서 발생하는 여러 데이터를 수집하고 분석하면서 사고 분쟁 처리까지 이어진다. 테슬라 차량에 장착된 8개의 카메라는 사고 발생 시 해당 사건 현장을 모두 녹화한다. 카메라 영상뿐만 아니라 자동차의 속도, 조향 등 차량 내 얻을 수 있는 여러 데이터를 모두 접근할 수 있게 되는데, 이 데이터를 통해 객관적인 보험 해결의 실마리가 만들어질 수 있다.

테슬라가 만든 보험의 커버리지는 테슬라가 만든 3가지 모델 차종이다. 이렇게 차종을 제한하기 때문에 회사가 커버하는 차종에 대해 경제도 추구하면서 균등하고 제한된 분야에서는 최적의 솔루션을 그 누구보다 쉽게 제공할 수 있게 된다.

사고 해결부터 수리까지, 한 번에 해결

다른 보험사들의 테슬라 보험은 다른 차량에 비해 비싼 편이었다. 게다가 테슬라 차량에 문제가 생겨 수리를 시작하면 몇 주에서 몇 달까지 기다리게 되는 것으로 악명이 높다. 그 이유는 테슬라 차량 부품의 수급이 어렵고 수리가 밀려 있는 등의 여러 문제가 있어 수리되기까지 오래 걸리고 프로세스도 복잡하기 때문이다. 테슬라는 보험사와 수리를 한 번에 연결하는 시도를 하고 있는데 최근 수리를 자체 확보할 예정이라는 내용을 트위터를 통해 알렸다. 수리와 보험을 묶으면 시너지가 발생하는데, 한 단계 더 진화해 사고 발생부터 처리하고 피드백을 받는 식의 결과를 계속 반복하면서 자동차 수리비용과 고장 내역 등에 대한 방대한 데이터를 확보하게 된다. 이렇게 확보한 데이터를 토대로 사고가 발생했을 때 수리까지 자연스럽게 연결될 수 있는 서비스도 도입하고 있다. 즉 사고가 발생하면 수리까지 한 번에 해결하는 방법이다. 이렇게 사고부터 수리까지 한 번에 해결해주면 고객들은 더욱 편하게 문제를 해결할 수 있게 된다.

자동차 회사가 직접 보험사를 만든다는 것은 어떤 의미일까? 왜 테슬라는 사업 다각화를 추진한 것이고, 어떤 기대를 한 것일까? 결국 테슬라는 고객들이 만든 데이터를 고스란히 자동차 회사의 소유로 만들어서 또 다른 비즈니스 기회를 계속 만들어 나가려고 하는 게 아닐까 예측해본다. 운전자들의 전체 밸류체인을, 필요하다면 데이터로 모두 묶어 솔루션을 제공할 수 있도록 거대한 산업 생태계를 만들어 나가려고 준비하는 것으로 보인다.

견고하고 뛰어난 HW는 단순 이동수단이었을 당시에는 각광을 받을 수 있겠지만 이동이 또 하나의 공간 경험으로 대체되는 순간 HW보다는 서비스와 콘텐츠가 더욱 중요해질 것으로 보인다. 어떤 의미와 재미를 주는 서비스와 콘텐츠냐에 따라 소비자의 선택을 받느냐, 아니면 외면하느냐가 결정될 것이라고 생각한다. 결국 보험사를 만든다는 것은 데이터를 더욱 촘촘하고 알뜰하게 활용하겠다는 포부이고 나아가 앞으로 이런 서비스를 계속 출시하기 위한 하나의 전초가 아닐까 생각해본다.

우리 동네 마트에서
모빌리티에 관심을 갖는 이유

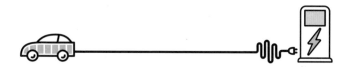

매년 초 개최되는 CES를 살펴보면 큰 IT 방향을 엿볼 수 있다. 작년과 올해 많은 모빌리티 회사들이 여느 때처럼 새로운 차를 소개할 거라고 생각했지만, 예상과는 다르게 독특한 발표들을 했다. 2021년 GM은 물류 회사를 지원하기 위한 '전기 배달 차량'과 함께 클라우드 물류용 플랫폼을 제공하는 '브라이트드롭BrightDrop'을 출시하겠다는 발표를 했다. 그리고 이 플랫폼은 세계적인 물류 회사 페덱스가 2021년 말부터 사용할 예정이라는 말까지 덧붙였다. 전처럼 특별한 자동차 기능을 소개해줄 것이라 기대했지만 의외로 GM은 새로운 비즈니스 모델에 대해서 꽤 장시간 이야기하며 기조 발표를 마무리했다.

2022년에는 자율주행 기술을 활용하여 무인 배송을 하는 오토노미 Otonomy, 유델브 Udelv와 같은 업체들이 본격적으로 출현했다. 근거리 자율주행을 할 수 있는 회사들도 눈에 띄게 많이 늘어났다.

이렇게 배송이나 물류업에 대한 이야기를 듣고 보니 요즘 물류 업계와 모빌리티 업계 간의 움직임이 심상치 않다. 유통업의 배송을 위해 모빌리티 업계가 움직이는 모습도 활발하다. 포드는 2021년 9월, 월마트와 손을 잡고 마이애미에서 자율주행 차량을 통해 식료품 배달을 본격적으로 시작했다.

이커머스의 대표주자 아마존은 죽스 zoox라는 자율주행 업체를 작년 하반기에 인수했다. 재작년에는 전기차 스타트업인 리비안에 투자하면서 2030년까지 9만 대의 전기차량을 자체적으로 확보하겠다고 발표하기도 했다.

그렇다면 왜 대형마트들은 모빌리티에 관심을 갖는 것일까. 대형마트가 회사와 집 근처에 위치하고 있지만 한

달에 한 번, 아니 3~4개월에 한 번 찾아갈까 말까이다. 이동하는 것도 귀찮은데다 코로나 바이러스까지 흉흉하니 직접 마트에 가서 반찬거리를 주문하는 대신 온라인 클릭 몇 번으로 주문을 한다.

코로나19 이후 굳이 직접 오프라인 마트에 가지 않아도 얼마든지 쇼핑이 가능하다는 사실을 나뿐만 아니라 전 국민이 깨닫게 되었다. 신선한 식품은 직접 눈으로 살펴보고 구입해야 한다고 고집하는 사람들조차 생명을 위협하는 바이러스를 마주한 뒤 온라인 쇼핑을 선호하게 되었다. 20~30대가 주로 타깃이었던 온라인 쇼핑은 바이러스 덕분에 전 국민이 활용하게 되면서 이커머스의 경우 2030년까지 시장 수요가 78퍼센트 이상 증가할 것으로 전망된다고 한다.

이커머스의 빠른 성장과 함께 덩달아 큰 지출이 발생하는 부분이 바로 물류비용이다. 아마존의 경우 매출은 크게 늘었지만 덩달아 연간 900억 달러에 달하는 물류비가 발생하면서 엄청난 부담을 떠안게 되었다. 결국 물류비용을 줄이지 않으면 아무리 큰 매출이 발생한다고 해도 수익은 미비해질 수밖에 없는 구조이다. 이런 배경으로 많은 유통 회사들이 어떻게 하면 물류비용을 줄일 수 있을지에 대해 심각하게 고민하고 있다.

물류비용을 줄이기 위해서는 절대적으로 큰 비중을 차지하는 인건비를 축소해야 한다. 그래서 무인 로봇이나 무인 배송에 관심을 갖게 되었고 모빌리티 회사와의 파트너 관계를 고려하기 시작했다. 자금력을 확보한 유통 회사들은 직접 모빌리티 회사들을 인수하여 물류업에 뛰어드는 경우도 있다.

미국을 대표하는 유통 공룡인 월마트는 직접 모빌리티 회사를 인수하여 물류업에 진출하는 대신 여러 회사와의 파트너십을 통해 물류비용을 줄여 나가고 있다. 2021년 9월 포드, 아르고 AI와 파트너십을 체결하여 오스틴과 워싱턴DC에서 자율주행 배송 서비스를 출시했다. 아르고 AI는 자율주행 알고리즘을 개발하는 회사이며, 완성차를 만드는 포드 차량에 아르고 AI가 만든 자율주행 알고리즘을 장착했다. 고객이 월마트 앱을 통해 주문을 하면 자동으로 무인차량이 배송을 해주는 시스템이다.

2021년 12월, 대표적 편의점 브랜드인 세븐일레븐 역시 자율주행 모빌리티 업체인 뉴로 Nuro와 손을 잡고 자율주행 배송 시범 서비스를 시작했다. 상용 배송 서비스라는 점에서 다른 무인 자율 배송과 다른데 상용 배송은 여러 가지 규제가 있다. 뉴로는 최초로 공공 도로에서 상업용 무인 서비스를 운영하는 데 허가를 받아 차량을 활용해 상용 서비스도 법적 규제에 제한 없이 할 수 있게 되었다.

반면, 아마존은 직접 배송에 뛰어들고 있다. 2020년 아마존은 자율주행 셔틀업체 죽스를 인수하여 무인배송에 대한 의지를 다졌다. 아마존 닷컴 산하의 화물 항공사인 아마존 에어는 그동안 리스 형태로 항공기를 운영했다면 2020년부터는 직접 항공기를 구매하여 항공 화물 사업에 집중하고 있다. 2021년 평균 하루에 164편의 항공기가 배송을 하는 등 미국 전역의 배송을 책임지는 모습을 보여주고 있다. 아마존의 자율주행 로봇인 스카우트 scout는 수천 건의 테스트 배송 이후 2019년부터 본격적으로 무인배송을 진행하고 있다. 항공, 드론, 로봇 등 다양한 모

빌리티를 적극적으로 연구 개발하여 물류 혁신을 위해 앞
장서고 있다.

모빌리티 서비스 업체도 배송에 주력

코로나19는 모빌리티 서비스 업체의 시장 판도를 흔들
었다. 도시 내 사람들의 이동 수요도 줄고 여행객들의 모
빌리티 호출 서비스 이용도 급감했다. 대표적인 모빌리티
서비스 업체인 우버와 그랩은 자연스럽게 사업적으로 직
격탄을 맞게 되었다. 코로나19로 인해 차량을 공유하거나
모르는 사람들과 합승하는 서비스는 바이러스의 감염 위
험이 있어 소비자로부터 외면을 받았기 때문이다. 사람들
은 더 이상 외출을 하지 않았고 이동 대신 안전한 개인
공간에서의 생활을 추구했다. 안전한 개인 공간에서 누군
가 이동을 대신해주면서 물품이나 식료품을 배송해주길
바랐다. 모빌리티 서비스 업체는 이 지점에서 기회를 찾기
시작했다. 비록 사람들의 이동은 줄었지만 식료품과 물품
의 배송이 크게 늘면서 많은 모빌리티 회사들의 사업 포

트폴리오를 전면 개편한 것이다.

2020년부터 우버는 공격적으로 식료품 배달 사업을 확대하기 시작했다. 미국의 4위 음식 배달 서비스 업체인 포스트 메이트를 3조에 인수하면서 음식 배달 서비스업의 떠오르는 샛별로 부상한 것이다. 내친김에 주류 배달 업체인 드리즐리도 인수하면서 음식과 주류를 동시에 배송하는 모빌리티 서비스 업체로 성장했다. 남미의 식료품 배달에도 시장을 늘리기 위해 2019년 인수한 데 이어 2021년 코너샵의 나머지 지분을 인수했다. 이어서 2022년 1월 말에는 창고형 식품 체인점인 스마트앤파이널 Smart&Final 과 파트너십을 맺어 주문형 식료품, 주류 배달을 시작했다. 이렇게 과감한 투자와 파트너십으로 자칫 회사가 위험에 처할 수 있었던 시기를 잘 버티고 무사히 수익 실현을 하고 있는 모습을 보여주고 있다.

우버의 경쟁사인 리프트 lyft 역시 음식 배달에 집중하고 있다. 레스토랑 메뉴를 디지털로 주문하고 배달까지 할 수 있는 회사인 올로 Olo 와 2021년 12월 파트너십을 발표한 것이다. 그동안 리프트는 우버처럼 적극적으로 음식 배달 플랫폼을 별도로 만들지는 않았지만 파트너십을 통해 배달 영역에 집중하는 모습을 보여주고 있다. 이번 파트너십을 통해 리프트 드라이버는 음식 배달을 하는 데 돈을 받을 수 있는 옵션을 갖게 되는 셈이다.

식품이나 음식 배송에 대한 수요가 늘어난 만큼 약품이나 물품은 물론이고 화물 배송의 수요도 크게 늘어나고 있다. 모빌리티 서비스 업체들은 이러한 기회를 포착하기 위해 화물 배송 영역도 점점 보완해 나가고 있다. 특히나 모빌리티 서비스 회사가 기존에 보유하고 있던 자동차 배치 기술을 활용한다면 화물 배송에서도 탄력적으로 운영을 할 수 있게 되고 비용을 크게 줄일 수 있게 될 가능성이 높아지기 때문이다.

우버는 2021년 미국 내 화물 배송 부분을 강화하기 위해 트럭 운영 관리 업체인 트렌스플레이즈를 인수하면서 화물 배송에 대한 사업 의지를 보여주고 있다. 리프트도 배송에 대한 중요성이 점차 높아지고 있다는 사실을 알고 2020년부터 배송사업 부문을 따로 신설했다. 처방전이나 각종 소형 물품들을 배송하는 서비스를 만들어 집중하면서 수익을 실현하고 있다.

마찬가지로 국내도 카카오 모빌리티는 한진 택배와 파트너십을 맺어 택배 서비스를 시작했다. 현재 카카오 모빌리티는 택시 호출, 주차 예약, 비행기표 예약, 시외버스 승차권 예약 등 총체적인 모빌리티 서비스를 제공하고 있다. 최근 수요가 높아진 배송 영역에서의 연계를 통해 카카오 모빌리티가 보유하고 있는 모빌리티 관제 기술과 시너지를 만들 수 있게 된다.

전기차 업체들의 물류 진출

내연기관의 경우 열효율은 40퍼센트 수준인 반면, 전기차의 전기모터는 에너지의 90퍼센트를 동력으로 발생해 효율성이 높다. 효율이 높다는 것은 결국 물류 업계에서는 더 많은 거리를 달리면서 돈을 벌 수 있다는 것을 의미한다. 인건비까지 줄이기 위한 배경으로 이커머스 회사와 물류 회사들은 자율주행과 전기차에 투자하고 인수하는 등의 움직임이 한창이다.

GM이 물류업에 진출한다는 것은 단순히 진출 자체로서의 의미가 아니다. 그 이면엔 돈이 몰리는 서비스에 비즈니스를 확대하겠다는 전략이 녹아 있다. 그것도 '차량 자체의 기술'을 팔기보다는 관심 있는 서비스, 돈이 몰리는 서비스를 지원하도록 준비하겠다는 포석이 담긴 발표로 보인다. 지금은 연결고리가 '물류'지만 어떤 서비스가 되었든 돈을 벌 수 있는 곳이라면 다양한 형태의 파트너십으로 해당 서비스에 진출하겠다는 신호탄으로 보인다.

모빌리티 회사만이 갖고 있는 인프라로 화물을 실시간 확인할 수 있는 플랫폼을 만들고, 물류 자체에 초점을 맞춰 생태계를 갖추기도 한다. 물론 전기를 구동시키는 시스템을 갖추고 있는 데다 순수 전기 방식으로 한 번에 400킬로미터 이상의 주행을 할 수 있어 토털 패키지로 제공이 가능해진다. 결국 회사가 보유한 자체 원동력과 강점을 기반으로 다양한 서비스로 확대해 나가는 전략을 추진하는 셈이다. 과거에는 차만 잘 팔면 되었지만 서비스업으로 뛰어드는 순간 페덱스나 DHL과 같은 물류 업체들과는 끈끈한 동맹관계가 형성된다. 어쩌면 아마존 역시 전략적 협력 관계가 될 수 있고 지금 기준으로는 대표적인 경쟁사가 될 수 있다.

이렇게 돈이 몰리는 서비스 간의 경계가 사라지면서 영원한 적도, 동맹도 없이 다양한 방식의 비즈니스가 지속적으로 탄생하게 되는 셈이다. 지금은 물류였지만 헬스나 뷰티 등 다양한 분야에서 서비스로 돈을 벌기 위한 시도가 이루어지고 있다. 어쩌면 모빌리티에 있어 기술 자체의 혁신보다는 비즈니스 자체의 혁신이 필요할 때가 아닌가 생각해본다.

게임에 진심인
모빌리티

세상에서 가장 지루한 순간이 언제냐고 묻는다면 관심 없는 주제의 다큐멘터리를 보는 시간, 톤 낮은 선생님의 강의 시간, 꽉 막힌 도로를 운전하는 시간이 아닐까. 그중 가장 지루한 순간의 절정은 명절 귀성길의 꽉 막힌 고속도로 구간을 지날 때이다. 지방이라고 해봤자 1시간 거리지만 늘 차가 막혀 체감상 3시간 정도 걸리는 것 같다. 꽉 막힌 도로를 운전할 때면 무료하다 못해 졸음이 쏟아진다. 애꿎은 라디오 채널만 이리저리 돌려가며 무료함을 달래 보지만 별 수 없다.

나의 첫 모빌리티 수업

아마 차 안에서 지루함을 느끼는 사람들이 나뿐만은 아닐 것이다. 운전을 하는 동안 지루하지 않고 즐거운 경험을 제공하기 위해 차량 회사들은 게임 회사들과 긴밀한 관계를 유지해 나가고 있다. 함께 마케팅을 하기도 하고 게임을 후원해주기도 한다. 심지어 차량에서 게임을 즐길 수 있는 방법을 고민해보기도 한다.

메타버스가 전 세계적으로 이슈가 되었을 때 현대차는 2021년 로블록스와 파트너십을 발표했다. 대문짝만한 신문에 현대차를 소개하는 대신 로블록스의 가상 세계 안에 〈현대 모빌리티 어드벤처〉라는 테마파크를 만들었다. 그 안에서 10~20대 젊은 층을 위한 미래 모빌리티 제품을 소개한 것이다. 10~20대 젊은층과 친밀한 관계를 지속적으로 유지해 중장기적으로 현대차 브랜드 이미지를 인식시키려는 노력을 엿볼 수 있다.

2014년부터 벤츠는 닌텐도와 좋은 관계를 유지하고 있다. 2019년 MWC에서는 벤츠 CLA 모델에 닌텐도사의 마리오 카트를 차량에 적용하여 차량 안에서 게임할 수 있는 콘셉트를 선보였다. 벤츠의 MBUX에 적용된 〈슈퍼

마리오〉는 단순히 게임을 하는 게 아니라 스티어링 휠, 페달 모두 마리오 키트와 연동되도록 구성했다. 뿐만 아니라 통풍 시설도 게임과 연동하여 마리오 카트를 조정할 때 생기는 바람까지도 시뮬레이션 할 수 있도록 만들었으며 충돌이 발생하거나 경주를 시작할 때 안전벨트를 조일 수 있도록 했다.

차량 내 여러 요소들이 게임과 유기적으로 연동되면서 차량 안이 마치 작은 오락실 같은 환경으로 탈바꿈할 수 있도록 구성한 것이다. 차량이 단순히 이동하는 공간을 넘어 이동을 하면서 재미까지 추구하도록 만들어진 셈이다.

벤츠는 게임을 차량 인포테인먼트 시스템에 적용시키는 것뿐만 아니라 '게임 공모전'도 직접 개최하거나 게임을 함께 만들고 후원할 정도로 게임에 대한 애정이 크다. 최근 '벤츠 자동차 게임 도전 Mercedes-Benz In car gaming challenge'이라는 이름으로 미래 자율주행 차 안에서 할 수 있는 비디오 게임 아이디어를 모집하는 공모전을 개최했다. 학생, 개발자, 게임 마니아 등 누구라도 즐겁게 게임할 수 있는 아이디어만 있으면 제안할 수 있는 공모전으로 대상은 승용차 외 버스와 오토바이 등 다양한 모빌리티로 확장하여 아이디어를 제안받았다.

2020년부터 리그 오브 레전드를 만든 라이엇게임즈 Riot Games 와 파트너십을 체결하면서 전 세계 게임 팬들의 이목이 집중되었다. 아예 플레이스테이션 게임 중 하나인 드림즈 Dreams 와 함께 메르세데스는 공동으로 게임을 만들기도 하는 등 게임 산업에 집중적으로 관심을 보이고 있다. 벤츠의 마케팅 부사장은 미래 세대를 위해 벤츠는 새로운 방법으로 파트너십을 모색한다는 발표를 하면서 드림즈라는 게임에서 벤츠의 미래 세계를 창조할 수 있는 방안에 대해 고민하고 있다.

테슬라 역시 주사위 놀이, 체스 등 다양한 비디오 게임들이 내장되어 차량이 출시되고 있다. 심지어 차량 내 USB 포트를 통해 연결된 플레이 스테이션이나 엑스박스 Xbox 를 통해 게임 컨트롤이 가능하다. 게임을 직관적으로 컨트롤할 수 있게 되어 훨씬 흥미롭고 실감 나게 게임을 할 수 있는 환경을 마련하고 있다. 지루한 대기 공간으로만 느껴졌던 차량 안에 게임할 수 있는 환경을 구축하여 또 하나의 흥미로운 아지트로 활용할 수 있게 된 것이다.

왜 갑자기 차량 회사들은 이토록 게임 회사들과 밀접한 파트너십을 맺으면서 돈독한 관계를 유지해 나가는 것일까? 가장 대표적인 이유는 차량 판매 매출에 도움이 되기 때문이다. 미래 고객들의 마음을 잡기 위해서는 타깃과 오랜 시간 관계를 유지해야 하는 방법을 고민해야 한다. 낡고 고루한 이미지가 아닌 최첨단의 흥미로운 이미지를 만들기 위해서는 1020세대들이 주로 관심 있어 하는 도메인에서의 관계를 만들 필요가 있다. 그래서 게임 회사들과 파트너십을 맺어 때로는 레이싱 게임의 차량 모델로 활용하며 계속적으로 차량 이미지를 각인시켜 보기도 하고 아예 메타버스 세계에서 차량을 선보이기도 한다. 조금이라도 눈길을 끌어 1020세대들에게 각인되도록 만드는 것이다. 당장 직접적인 차량 매출에 영향을 주진 않겠지만 추후 1020세대들이 차량 구매력을 갖출 때 장기적인 관계를 유지한 브랜드가 더 매출에 영향을 받게 되어 장기적으로 마케팅에 도움이 될 수 있다.

게임의 여러 심리적 요소들을 가미한다면 차량을 더욱 오랫동안, 친환경적으로 사용할 수 있게 된다. 닛산 전기 자동차 리프는 계기판에 나무 요소를 넣었다. 리프를 타고 다니면 나무 모양이 하나씩 생기는데 운전을 하면 할수록 나무가 더 늘어난다. 친환경 자동차의 이미지도 알리면서 운전을 할 때 환경적으로 좋은 일을 하는 데 동참하는 듯한 심리적 요소를 제공하고 있다. 즉각적인 보상과 재미는 게임에서 쉽게 볼 수 있는 요소들로 운전에 도입했을 때 또 다른 방향으로 운전의 가치를 만들어갈 수 있다.

마지막으로 차량에 있는 시간을 즐겁고 재미있게 변화시킬 수 있다. 꽉 막힌 정체 구간에서의 운전 경험은 누구라도 지루하고 피곤하다. 이때 게임을 할 수 있다면 그 시간이 보다 유익하고 재미있을 수 있다. 운전 경험 자체를 흥미롭고 가치 있게 만드는 것이다. 이러한 이유 때문에 자동차 회사 입장에서 사람들이 자동차 타는 시간을 즐거워하고 계속 찾게 만들 수 있도록 하기 위해 게임을 적극적으로 모색하고 있다. 게다가 자율주행 시대가 온다면 더 이상 탑승자들은 이동에만 집중하지 않아도 된다. 운전 외에도 이동하는 시간을 가치 있게 보내기 위한 여러 가지 활동들을 만끽할 수 있게 되는 환경에 놓이게 된 것이다. 변화하는 환경에 대응하기 위해 모빌리티 회사들은 게임 회사와 돈독한 관계를 맺어 나가고 있다.

탑승자들이 무엇을 할 때 이동을 하면서도 흥미롭고 재미있을 수 있을까? 이동하는 시간을 보다 유용하고 가치 있게 활용하기 위한 방법들은 앞으로도 계속 발전될 것이다. 특히 자율주행 시대가 온다면 이동하는 시간과 공간은 지금과는 또 다른 개념이 될 것이다. 나만의 쉼터가 될 수도 있을 것이며 작업실이 될 수도 있을 것이다. 이렇게 이동수단이 제2의 공간에 대한 개념으로 확장되기 때문에 모빌리티 회사와 이종 분야 간의 융합은 더욱 빈번하게 발생될 것으로 보인다. 어쩌면 가장 개인적이고 집중이 잘 되는 나만의 게임 공간으로 활용되는 날이 곧 오지 않을까 내심 기대해본다.

BMW와 벤츠가
뭉친 이유

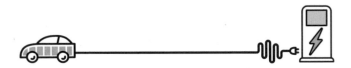

　움직이는 사물체에 IT가 결합되면서 더욱 똑똑해지고 재미있고 안전하게 진화하고 있다. 때로는 차 안에서 집에 있는 에어컨을 켜고 끌 수도 있고 이동시간에 맞춰 택배를 받을 수도 있다. 모빌리티와 사람 간, 모빌리티와 사물이 연결되면 연결될수록 이전에는 상상도 하지 못했던 여러 서비스들을 직접 체험할 수 있다. 이에 자연스럽게 모빌리티를 이용하면서 발생되는 데이터 역시 중요해지고 있다.

　얼마나 빠르게 운전을 했는지, 어디로 가고 있는지, 운전할 때 시선은 어디를 보고 있었으며 당시의 도로 상태는 어떠했는지 등 모든 데이터들을 수집할 수 있게 되었다. 이런 데이터는 사고가 났을 때 보험사에서 활용하는 것부터 시작해서 모빌리티의 자동화, 서비스 개선 등으로 활용되고 있다.

코로나19 사태로 모빌리티 산업의 업계가 전반적으로 크게 변화했다. 반도체 수급의 문제로 자동차의 공급에 문제가 생기게 되고, 택배의 이용량은 극적으로 증가하면서 모빌리티를 통한 택배업은 한창 호황기에 접어들었다. 이렇게 모빌리티 산업이 빠르게 변화하면서 더욱 중요해지는 키워드가 바로 데이터이다. 산업이 악화되면 악화되는 대로 자동화를 할 수 있는 원천이 데이터이고, 좋아지면 좋아지는 대로 고객을 사로잡을 수 있는 서비스를 만들 수 있는 것이 데이터이기 때문이다.

모빌리티 데이터의 중요성이 점차 커지면서 많은 회사들이 어떻게 하면 데이터의 양과 질을 확보할지 고민하기 시작했다. 훌륭한 요리를 만들려면 풍부하고 질 좋은 재료가 있어야 하듯 풍부하고 쓸 만한 데이터를 확보하는 일이 무척 중요하기 때문이다.

BMW, 벤츠, 보쉬가 데이터를 위해 뭉쳤다

BMW, 메르세데츠 벤츠, 로버트 보쉬 등 8개의 자동차 파트너는 2021년 5월 데이터에 의한, 데이터를 위해 카르테나 X Cartena X라는 얼라이언스로 똘똘 뭉치게 되었다. 자동차 회사뿐만 아니라 연구기관과 중소업체 등을 포함하여 28개 참여사가 바로 '쓸 만한 데이터'를 모아서 각 회사의 이익을 얻겠다는 목표로 연합했다. 이들은 자동차의 데이터를 서로 공유하면서 데이터를 표준화하자는 목적으로 카르테나 X를 만들었다. 이로써 각자의 산업 경쟁력을 높이고 협력을 통해 산업의 이익을 높이자고 동조했다.

카르테나 X 파일럿 프로젝트는 코로나19 이후 빠르게 개선해야 하는 문제부터 풀어 나가기 시작했다. 공급망 관리, 유지 보수, 물류, 지속 가능성 등 5개 분야를 중점적으로 연구하면서 2022년 1분기 내 첫 파일럿 결과물을 공개하기로 발표했다. 2022년에 발표할 사례는 '물류 비즈니스의 재료 추적성'이라는 이름의 부품 추적과 부품을 처리하는 기능을 보여줄 예정이다.

얼라이언스는 데이터 표준화와 개방적인 접근성에 집중하여 생태계를 만들어갈 예정이다. 그래서 카르테나 X 얼라이언스에는 중소기업의 활발한 참여도 장려하고 있다. 얼라이언스 내 공유된 데이터를 활용하면 데이터를 공유한 기업에게 이득을 주면서 데이터의 양과 질을 확보하는 데 노력을 하는 형태로 운영하고 있다.

오토노모

전통적으로 차량 데이터를 수집하는 대표적인 기업으로 오토노모 Otonomo가 있다. 2015년 이스라엘에서 시작한 오토노모는 4천만 대의 차량에서 데이터를 받아 처리하고 있다. 2021년 4분기에는 AI 스타트업 뉴라 Neura를 인수해서 고객이 직접 데이터를 분석하고 물류에 대한 인사이트를 얻을 수 있도록 지원하는 서비스를 개발하게 되었다.

방대한 차량 데이터를 한꺼번에 수집하고 판매하면서

새로운 비즈니스도 활발하게 만들어가고 있다. 예를 들어 2021년 최근에는 EV 충전소를 설치할 만한 최적의 장소를 찾는 프로젝트를 진행하고 있다. 차량의 교통 패턴을 확인하여 수요가 가장 높은 곳에 충전소를 지을 수 있는 장소를 찾는 프로젝트이다. 이런 식으로 방대한 차량의 데이터를 통해 여러 서비스까지 확대하여 비즈니스를 확장하고 있다.

모빌리티 데이터 잠재력은 무한대이다

이동 데이터를 갖고 있으면 이동과 관련하여 해결할 수 있는 문제가 많아진다. 사람들이 무엇을 원하는지 잠정적으로 알 수 있게 되고 필요로 하는 것을 적재적소에 제공할 수 있다. 질 좋은 데이터를 빼놓고 모빌리티를 이야기할 수 없을 정도로 데이터의 중요성이 커지고 있다. 데이터가 갖고 있는 잠재력도 높다. 데이터는 단순히 이동 문제를 넘어 물류, 충전 등 여러 도메인에 걸쳐 문제를 해결할 수 있는 마스터키가 될 수도 있다. 오토노모가 전기차 충전 서비스를 남들보다 유리하게 시작할 수 있었던 이유는 바로 데이터를 확보했기 때문이다. 이처럼 데이터의 가치는 앞으로 더욱 중요해질 것이다.

하지만 간과해서는 안 되는 문제가 있다. 바로 '무엇을 해결할 것인가'에 대한 고민이다. 무턱대고 데이터를 모으고, 연합을 한다고 해결이 되진 않는다. 단순히 데이터를 모으는 것으로 모든 문제가 해결되지는 않는 것이다. 비즈니스와 바로 연결되지도 않는다. 아직 데이터 자체를 사겠다는 수요가 적은데다가 모든 회사들이 데이터를 표준화하여 모으는 것조차 시간이 꽤 많이 드는 작업이기 때문이다. 그래서 먼저 선행되어야 할 부분이 구체적으로 해결하고 싶은 문제가 무엇인지 정확히 정의할 때 모빌리티의 데이터는 비로소 위력을 보일 수 있을 것이라고 생각한다.

_____

_____

미래의
모빌리티에
대하여

착한 모빌리티가
뜨고 있다

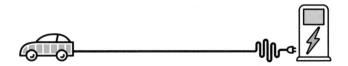

올해는 선선한 봄이 시작되는가 싶더니 바로 뜨거운 여름으로 이어졌다. 무더운 여름이라고 하기에는 부족하다. 잠도 못 이룰 만큼 뜨거운 폭염이 내내 이어졌다. 마치 동남아시아 같은 날들이 이어지면서 '폭염'을 검색해보니 전 세계 모두 기후변화로 고통을 받고 있었다. 전 세계적인 기후변화를 경험하면서 국제 조약을 맺기 시작했다. 2016년에는 파리협정을 통해, 2019년에는 주요국 탄소중립 선언을 하면서 전 세계적으로 기후변화에 대응하는 데 힘을 쓰고 있다. 탄소중립은 탄소 배출을 제로로 만들겠다는 의미이다. 대기에 배출한 이산화탄소 양을 다시 흡수할 수 있도록 만들어 결국 중립 상태로 만드는 것을 의미한다. 자동차 업계 역시 이산화탄소 배출을 최대한 줄이는 방향에 동참하여 친환경 정책을 펼치고 있다. 이번 〈IAA 2021〉에서도 유독 눈에 띈 것이 바로 '친환경'에 대한 키워드다.

BMW의 순환경제

BMW는 IAA 2021의 키워드를 '순환경제'로 선정했다. 자동차 생산에 필요한 자재를 재사용하고 재활용할 수 있도록 고민한 흔적을 전면으로 보여주었다. 'RE:THINK, RE:DUCE, RE:USE, RE:CYCLE'이라는 접근을 통해 탄소중립을 실현한 결과를 공유했다. BMW가 만든 i비전서큘러는 100퍼센트 재생 가능한 소재로 만든 자동차이다. 내부 인테리어를 재생 플라스틱으로 만들면서 BMW가 선포한 순환경제를 실현했다. 자동차에 적용한 솔리드 스테이트 배터리 역시 재활용 소재로 만들었고 또다시 재활용이 가능하다. BMW는 탄소중립에 대한 비전도 발표했다. 2030년까지 전기차 100만 대를 판매할 계획이고 생산과정에서 발생하는 이산화탄소를 80퍼센트 줄이겠다고 선언하면서 탄소중립 정책에 동참하고 있다. 이번 IAA 2021에 나온 차량 모두 '탄소중립'의 기준에 부합하는 차량으로 선별한 것 역시 이러한 비전과 같은 맥락이다.

벤츠의 탄소 순배출 제로

벤츠는 외부 업체와의 협력을 통해 보다 스마트한 방식으로 탄소중립을 실현하고자 노력하고 있다. 2020년부터 블록체인 스타트업 서큘러 Circulor와 협력하여 차량 공급 시 탄소 배출을 추적하는 파일럿 프로젝트를 진행하고 있다. 블록체인 기술을 사용해 배터리 셀 제조 시 가스 배출량을 추적한다. 이러한 데이터를 통해 다임러는 전체 공급망에 배출량이 전달되는지의 여부를 문서화하는 과정을 구현하고 있다.

2020년 8월에는 2039년까지 벤츠의 모든 차량을 탄소중립적으로 전환하겠다는 비전을 발표했다. 환경 규제에 대응하면서 그룹 전체적으로 종합적인 미래 모빌리티를 만들어 가겠다는 전략을 발표했다. 이러한 비전 선포에 따라 벤츠의 모든 공급 자재나 부품과 재료도 탄소중립적인 재료를 선별하여 사용될 예정이다. 전기차 공급망에서 CO_2 배출의 80퍼센트 이상을 차지하는 배터리 셀역시 외부 협력업체와의 파트너십을 통해 수력이나 풍력과 같은 재생 가능한 소스를 활용하여 탄소 배출량을 줄여 나갈 계획을 발표했다.

폭스바겐의 Way to Zero

폭스바겐은 다른 기업 대비 빠르게 탄소중립에 대한 움직임을 보이고 있다. 2015년 IAA 전시에서도 다른 차량 업체는 '커넥티비티'를 강조하는 상황에서 폭스바겐은 '탄소중립'을 주제로 전시를 준비했던 기억이 난다. 2021년에는 'Way to Zero'라는 컨퍼런스를 개최하여 탄소 감소 전략을 발표했다. 2030년까지 유럽에서 판매하는 차량의

70퍼센트를 완전한 전기차로 만드는 것을 목표로 하고 있다. 2050년에는 완전 탄소중립적인 차량 회사가 되는 것을 목표로 하고 있다. 중국을 제외한 모든 공장에서 100퍼센트 재생 가능한 에너지로 생산하겠다는 비전을 발표하면서 탄소중립 회사로 거듭나고 있다. 폭스바겐의 탄소중립에 대한 노력은 이번 IAA 2021에서도 쉽게 엿볼 수 있었다. 이번에 선보인 'ID. 라이프'는 부위별 재료, 페인트 마감재 등이 모두 친환경 재활용 소재로 만들었다.

차체용 코트는 우드칩이 천연 착색제로 쓰였다. 루프와 전면 커버에 적용한 소재는 페트병을 100퍼센트 재활용하여 제작했고 타이어는 천연고무와 벼 껍질로 만들었다. 이렇게 신규 콘셉트카를 친환경 소재로 만들어 탄소중립에 대한 의지를 보여주고 있다. 환경에 대한 문제는 워낙 풀기 힘든 거대한 문제라 막연하기도 하고, 나 하나쯤 잘못해도 티가 안 나기도 한다. 결과가 바로 보이지 않는 문제이기에 숙제를 풀려고 시도조차 하지 않았던 것이 사실이다. 하지만 작년 겨울과 올해 여름의 강추위와 쏟아지는 폭염을 맛보면서 생각이 달라지고 있다. 생명을

위협할 정도의 불편함을 느끼는 순간 더 이상 외면하기에
는 앞으로 맞이할 고난이 크겠다는 생각이 들었기 때문
이다. 환경 문제는 개인적으로나 사회적으로 모두가 동참
해야 풀 수 있는 문제이다. 그런 차원에서 자동차 회사들
이 발 벗고 친환경 정책을 수립하는 모습은 박수칠 만한
일이다. 앞으로 개인은 더욱 환경 문제를 자각하고, 사회
는 의식 있는 정책을 통해 자연스럽고 익숙하게 환경 문
제를 풀어 나가야 할 것이라고 생각한다.

나의 첫 모빌리티 수업

전기차를
주목하는 이유

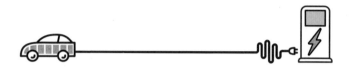

최근 5년간 CES를 비롯해 각종 모터쇼의 동향 보고서를 살펴보면 눈에 띄게 많이 등장하는 단어 하나가 바로 '전기차'이다. 올해는 자동차 회사의 경영진들이 직접 앞에 나와 기술적으로나 사업적으로 전기차에 총력을 기울이겠다고 발표했다. '언젠가 전기차 시대가 오겠지'라고 생각할 틈도 없이 너무도 빠르고 갑작스럽게 전기차 시대가 활짝 열리고 있는 요즘이다.

그러면 왜 이렇게 전기차 시장이 커지는 것일까? 많은 자동차 회사들이 왜 전기차에 관심을 기울이면서 기술

집중을 하겠다고 발표를 하는 것일까? 갑자기 전기차가 화두인 이유가 무엇일까?

여러 가지 이유가 있지만 먼저 가장 큰 문제는 '환경오염'이다. 중국은 황사의 본원지로 꼽히면서 심각한 탄소 배출 문제를 떠안고 있다. 탄소 배출 문제를 해결하기 위해 2035년 이후 내연 기관차 판매를 금지하는 정책을 발표했다. 워낙 국가적으로 탄소 배출 문제를 해결하려고 애쓰다 보니 다른 나라에 비해 초기부터 전기차 기술과 전기차를 구매하는 사람들에 대해 아낌없는 지원을 했다.

미국 역시 바이든 정부가 시작되면서 적극적으로 전기차 전환에 힘쓰고 있다. 아예 미국의 관용차를 전기차로 바꾸라고 지시했다. 미국의 관용차인 만큼 GM, 포드와 같은 미국 자동차 기업들의 전기차 생산에 더욱 탄력을 받을 것으로 예상한다. 우리나라도 친환경에 많은 투자와 관심을 기울이고 있다. 친환경차를 구매하면 국가에서 보조금을 최대 1820만 원 2021년 기준을 지원하면서 실질적인 혜택을 제공한다. 이렇게 국가적으로 중요하지만 외면했던 환경 문제를 들여다보고 실질적인 혜택을 제공하면서 전기차가 점점 주목받고 있다.

　두 번째는 배터리 가격이 떨어지고 있기 때문이다. 국제 에너지 기구 IEA에 의하면 2016년에는 KWh당 32만 원이었던 가격이 2020년에는 약 15만 원까지 떨어졌다고 발표했다. 아예 배터리 가격을 내연차보다 빠르게 만들려는 고민이 이어져 가격 경쟁력은 더욱 올라갈 것으로 보인다. 가격은 점점 저렴해지고 오랫동안 연속성 있게 달리는 것이 가능해지면서 전기차 수요가 증가하게 되었다. 특히 물류와 같이 B2B의 경우 어떻게 하면 비용이 저렴하면서 오랫동안 주행을 할 수 있는지가 중요하다. 전기차가 기존 내연차에 비해 배터리 비용은 저렴하면서 더 오랫동안 주행할 수 있어 비즈니스 측면에서도 전기차로 빠르게 전환을 하고 있다.

　마지막으로 전기차 인프라가 점점 확대되고 있기 때문이다. 자동차는 단순히 차만 있다고 이용할 수 있는 교통수단은 아니다. 차를 유지하기 위해 주유소나 충전소가 마련되어 있어야 한다. 가맹점이 많아야 이동을 하면서도 쉽게 찾아갈 수 있고 언제 어디든 비상사태 때 이용할 수 있다. 초기 전기차는 충전에 대한 인프라가 부족했다. 전기차 보급은 늘고 있지만 충전기가 부족하다면 한 번 충전하는 데 불필요한 대기시간이나 주변 사람들과의 마찰을 겪어야만 한다. 하지만 정부의 적극적인 지원으로 전기차 충전소가 계속 늘어나고 있는 추세이다. 최근 환경부는 2022년까지 완속 충전기를 1만 2천 개를 설치하고 급속 충전기를 1만 개 충전하겠다고 발표하면서 전기차 인프라는 점점 나아질 거라고 예상된다.

정리하자면 크게 국가 차원으로 환경문제를 해결하고자 하는 의지로 실질적 혜택을 제공하는 점, 낮아진 배터리 가격, 전기차 인프라의 확대로 전기차 시장은 크게 성장하고 있다. 2025년부터 네덜란드를 시작으로 내연기관차 판매가 금지될 예정이다. 점점 내연기관차들이 역사의 뒤안길로 사라지면서 전기차 시대가 한층 가속화될 것으로 보인다. 전기차 기술은 더 이상 선택이 아니고 필수가 된 상황에서 누가 더 빨리 확보하고 준비하느냐에 따라 미래 비즈니스의 판도가 달라질 것으로 보인다. 앞으로 전기차 플랫폼, HMI, 서비스는 무궁무진하게 등장할 것이

고 모빌리티 시장은 다이내믹하게 변화하고 시장은 점차
커질 것이라고 생각한다.

전기차, 배터리는 안녕하십니까

2015년 이후부터 선보이는 모터쇼마다 전기차를 앞다
투어 발표하고 있다. 나라마다 점점 강화되는 환경 규제
로 전기차 보급을 더욱 앞당기고 있고 급기야 독일이나
중국에서는 2030년까지 내연기관차 운행을 금지한다는
정책을 펼치고 있다. 한때의 유행일 것이라고 생각했던 전
기차 기술은 정부의 정책에 힘입어 하루가 다르게 발전하
고 있어 연간 80퍼센트 이상 증가하며 대세가 되고 있다.
정부는 보조금과 친환경 정책으로 전기차를 강력하게
밀어주어 구매율은 높아졌지만 운전자들의 만족도는 그
리 높지 않다. 전기차 동호회에 잠깐만 둘러봐도 온통 '배
터리 충전과 방전'에 대한 문제를 심심찮게 이야기하면서
내연기관차에 비해 주행거리가 줄었다는 하소연을 쉽게
볼 수 있다. 전기차 보급이 급증한 만큼 전기차에 대한 기

술 문제도 급증하고 있는데 대부분 '충전'에 대한 문제이다.

전기차에 들어가는 배터리 수명은 최대 10년이며 충전 시 걸리는 속도 역시 1시간 내외이다. 급속 충전 기술이 날마다 발전하고 있지만 여전히 내연기관차의 주유 속도에 비해 전기차의 충전 속도는 오래 걸린다. 아무리 정부에서 리더십을 발휘하고 친환경이라는 의미가 있다고 해도 운전자가 큰 불편을 겪게 된다면 전기차 시장이 성장하는 데 한계가 올 수밖에 없다. 그렇다면 전기차 시장 확대를 위해 배터리 문제를 어떻게 해결할 수 있을까?

오래 걸리는 충전, 교체식 배터리가 답이다

내연기관차 대비 전기차의 최대 단점은 '충전 시간'이다. 이를 극복하기 위해 핸드폰의 배터리를 교체하듯 전기차의 배터리 역시 교체하는 기술이 발전하고 있다. 2022년 바이두는 전기차 '교체식 배터리' 사업에 본격적으로 진출한다고 발표했다. 바이두와 지두 JIDU 자동차는 상하이에 회사를 설립하여 본격적으로 전기차용 교체식 배터리 사업에 진출했다. '중국의 테슬라'라고 불리는 '니오' 역시 교체식 배터리 기술 개발에 앞장서고 있다. 니오는 직접 중국의 고속도로에 100개 이상의 교체식 배터리 충전소를 만들어 전기차 인프라 구축에 앞장서고 있다. 2022년까지 총 515개의 교체식 배터리 교체 충전소 설립을 목표로 빠르게 충전 인프라를 만들어 나가고 있다. 빠르고 안정적인 배터리 교체 기술로 2022년 1월 기준, 이미 400만 번 이상 교체 횟수를 돌파하고 있다. 배터리 교체 서비스에 자신감을 얻은 니오는 아예 2022년 1월부터 출시되는 자동차부터 무한정 무료 배터리 교체 서비스를 약속하고 있다.

교체식 배터리 기술이 게임 체인저가 될 수도

전기차량의 총 가격 중 배터리가 차지하는 비율은 전체 원가의 40퍼센트 이상 차지할 만큼 가격이 높다. 교체식 배터리 사업이 활성화된다면 배터리와 배터리가 없는 차체를 따로 판매할 수 있는 비즈니스 모델 역시 생각해 볼 수 있다. 이렇게 되면 차량 한 대의 가격이 2000만 원 미만으로 형성되어 전기차 구매에 대한 심리적 부담감이 줄어들게 된다.

대만의 고고로 배터리 스테이션

대만의 고고로 gogoro라는 업체 역시 스쿠터의 전체 가격 중 배터리가 차지하는 비율이 높다는 것을 알고 교체식 배터리 사업에 집중했다. 배터리는 사용하면 사용할수록 수명이 단축되지만 스쿠터를 구매할 때 전체 비용의 40퍼센트 이상의 비용을 무조건 구매해야 한다는 문제를 알고 비즈니스 모델을 혁신하게 된다. 배터리 자체의 성능 개선에 기술을 투자하는 대신 간편하게 배터리를 교체하는 방식으로 기술을 집중한 것이다. 고고로의 배터리 교체 사업으로 스쿠터 사용자는 충전 시간을 기다리지 않고 배터리를 교체할 수 있게 되면서 2021년 총 2억 번 이상 배터리 교체 서비스를 달성하게 되었다. 고고로의 서비스로 스쿠터 업계는 배터리 교체 사업에 대한 가능성을 충분히 증명했고 차체와 배터리를 분리하여 판매하는 비즈니스 모델도 새롭게 떠올라 단숨에 고고로가 스쿠터계의 게임 체인저로 부상하게 되었다.

신재생 에너지로 전기차 전력에 활용하는 시도 활발

전기차 충전 인프라의 부족을 해결하기 위해 친환경 에너지를 개발하는 시도 역시 활발하다. CES 2021에서는 태양광 충전만으로 30킬로미터 이상 주행할 수 있는 전기차 기업인 소노 모터가 나와 화제가 되었다. 현대자동차 그룹 역시 2021년 P4G 서울 정상회의에서 2050년까지 필요한 에너지를 신재생에너지로 충당하겠다고 발표했다. 글로벌 에너지 기업인 쉘 Shell과 협력하여 친환경 에너지에 대한 의지를 공고히 하고 있다. 태양광과 풍력 등 자연에서 발생하는 에너지를 전기차 동력 에너지로 사용할 수 있는 방법에 대해 끊임없이 기술을 개발하고 있다.

더 이상 전기차는 한때의 트렌드가 아니라 주류로 자

리 잡고 있다. 큰 흐름의 방향에 각 업체별로 선도적인 지위를 잡기 위해 저마다의 전략으로 기술력을 선보이고 있다. 전통적인 차량 회사들은 전기차의 충전 기술 자체에 집중하면서 전기차의 패권을 유지하고자 노력하고 있다. 대표적으로 GM은 한 번 충전에 1000킬로미터 이상 갈 수 있는 전기차를 만들겠다고 선언하면서 전기차 전용 플랫폼과 배터리를 개발하고 있다.

전기차 시장이 대세로 자리 잡는 가운데 충전 문제를 해결하기 위해 배터리 교체가 정답일지, 친환경 에너지가 맞을지, 전기차 자체의 기술력 개발이 좋을지는 저마다 장단점이 존재한다. 더 친환경적인 차량으로 거듭나기 위해 활발한 기업 투자와 전략적 협업이 강화되는 가운데 앞으로 전기차 기술은 어떻게 진화될지 기대된다.

데이터로 배터리를 효율적으로 관리할 수는 없을까

전기차에 대한 관심이 뜨거워지면서 전기차의 구동 원동력인 배터리 기술이 활발히 연구되고 있다. 얼마나 빨리 충전을 할 수 있는지, 충전해서 얼마나 멀리 오랫동안 갈 수 있는지, 언제 어디서나 충전할 수 있는 충분한 인프라를 확보하기 위해 많은 회사들이 노력하고 있다. 중국의 니오처럼 전기차의 배터리를 아예 전면 교체할 수 있는 방식부터 파나소닉처럼 기존의 충전 방식을 소프트웨어적으로 관리하면서 효율적으로 사용할 수 있는 솔루션까지 다양한 기술이 등장하고 있다.

파나소닉은 배터리 자체를 변화하거나 새로 만들기보다는 기존의 배터리를 효율적으로 관리하여 오랫동안 사용할 수 있는 방법에 대해 고민하고 있다. 2020년 12월에 처음으로 공개한 파나소닉의 UBMC Universal Battery Management Cloud 솔루션은 인공지능 기반으로 배터리 데이터를 수집하여 실시간 원격으로 모니터링하고 배터리 상태를 추적할 수 있는 솔루션이다.

인공지능 기반의 배터리 예측

파나소닉의 UBMC는 배터리의 로그 데이터를 수집

하는 것부터 시작한다. 배터리를 그동안 얼마나 충전하고 사용했었는지, 충전 이력 데이터를 수집하고 현재 배터리 상태를 추정한다. 아울러 앞으로 얼마나 더 배터리를 충전하여 사용할 수 있는지도 예측할 수 있도록 모니터링한다.

배터리는 사용하고 충전하기를 반복하다 보면 배터리 에너지의 양이 줄어들게 된다. 점점 한 번 충전했을 때 이전에 비해 에너지의 양이 줄어들게 되면서 효율이 떨어지게 된다. 배터리의 로그를 분석하다 보면 이렇게 효율이 떨어지는 현상에 대해 사전 시뮬레이션을 하여 미리 배터리 상태를 예측할 수 있게 된다.

배터리 잔량 확인은 실시간 모니터링이 되고 즉각적으로 사용자가 알 수 있다. 모바일 앱을 통해 배터리의 양을 체크하고 해당 소프트웨어 설치로 인해 배터리 효율이 얼마나 높아지는지 언제 어디서나 확인이 가능하다. 파나소닉은 데모에서 마이크로 모빌리티인 킥보드에 UBMC 솔루션을 적용하여 효율적으로 배터리를 관리하는 모습을 보여주고 있다.

실시간 원격 모니터링으로 효율적인 배터리 사용

배터리 로그 데이터로 원격에서 배터리의 상태를 실시간 확인할 수 있다. 만약 배터리가 부족해지면 미리 사용자에게 배터리에 대한 안내를 하여 적절하게 대응할 수 있도록 도와준다. 예기치 않게 방전이 되어 중요한 순간에 이동할 수 없게 되는 곤란한 상황이 생기지 않도록 미리 배터리 위험 상황을 안내한다. 적절한 시기에 알림을 제공하면 사용자는 안전하고 효율적으로 배터리 작동을 할 수 있도록 조치를 취해 이동하는 데 문제가 없도록 대처할 수 있게 된다.

전기차 이동의 원천인 전기차 배터리에 대한 기술이 갈수록 다양해지고 섬세해지고 있다. 파나소닉의 인공지능 기반 배터리인 관리 소프트웨어는 클라우드 기반으로 배터리를 관리할 수 있다. 목적지에 따라 실시간 직관적으로 배터리 사용량을 확인해볼 수 있고, 배터리 잔량을 확인하며 모니터링을 할 수 있는 기능은 전기차 이용자들에게 유용하다. 나아가 최적의 전기차 충전 루트 제안이나 배터리 잔량으로 갈 수 있는 동선 안내 서비스 등을 추가적으로 데이터를 수집하여 구현하고 있다.

배터리의 혁신적인 기술은 기술 자체만 바꿔서도 안되고 여러 정책과 규제가 뒷받침되어야 가능하다. 가령 배터리를 교체하는 기술은 개발이 되어도 배터리 교체에 대한 차량 회사의 표준이나 정부의 규제 등 상호 협력 없이는 기술이 전파되기 어렵다. 중장기적인 접근으로 다양한 혁신적인 기술을 개발하면서 동시에 단기적으로는 어떻게 배터리의 효율화를 이루어 나갈 것인가에 대한 고민이 필요하다. 이러한 측면에서 파나소닉의 배터리 관리 솔루션은 좀 더 현실적으로 배터리 솔루션을 관리하면서 전기차 실사용자에게 유용함을 줄 수 있는 대안이 될 수 있지 않을까 생각해본다.

전기차
플랫폼 이야기

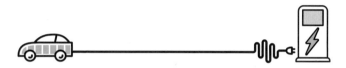

    처음 테슬라가 만든 전기차를 보았을 때 주류가 아닌, 특이한 차량으로 여겼다. 전기차는 독특했지만 가성비가 떨어지는 실험적인 존재로 생각했던 것이다. 하지만 그저 한순간의 반짝 트렌드는 아니었다. 처음 나왔을 땐 어딘지 어색한 차종이었지만 한두 모델이 거듭 발표되면서 전기차는 더 이상 독특한 트렌드가 아닌 일상이 되고 있다. 이번 IAA 2021에서도 역시 전기차는 너무나 당연한 트렌드로 비쳤다.

    IAA는 'Internationale Automobil-Ausstellung'의 약

자로 직역하면 국제자동차전시회이다. 그동안 프랑크푸르트에서 2년에 한 번씩 열리던 모터쇼가 2021년 올해부터 뮌헨으로 거점을 옮겨 개최되었다. 이번 IAA 2021에서는 다양한 전기차량이 나온 것은 물론이고 전기차를 뒷받침하기 위한 플랫폼과 전기차 충전 케이블 기술 등 전기차와 관련해서 앞으로의 비전을 보여주었다.

전기차의 고성능 플랫폼

이번 IAA 2021에서 눈여겨볼 점은 전기차를 위한 범용 플랫폼이다. 더 이상 허울뿐인 콘셉트가 아닌 실체를 보여준 것이다. 범용 플랫폼 기반으로 설계된 차량을 타보고, 만져볼 수 있었다. 전기차 시대를 대비하여 각 회사마다 개발한 뛰어난 범용 플랫폼의 기능을 앞다투어 제시했다.

전기차는 내연기관차와 구조부터 크게 다르다. 전기차는 내연기관에 필요한 변속기와 연료탱크 등의 공간이 축소되고 바닥이 평평한 구조를 지닌다. 기존에 차지하고 있었던 공간이 줄어드니 실내 공간을 충분히 활용할 수 있게 되었다. 이런 기본적인 골격을 지닌 범용 플랫폼을 만들면 이를 기반으로 배터리와 모터 등 전기차에 필요한 기능을 자유롭게 추가하고 변형하면서 차별화를 만들 수 있다. 이번 IAA 2021에서는 범용 플랫폼을 활용한 자동차들의 모습을 생생하게 보여주고 있었다.

폭스바겐은 '일렉트릭 포 올 Electric for all' 전략을 기반으로 올해도 적극적으로 MEB Modular Electric Drive Matrix 플랫폼을 활용한 전기차를 발표했다. IAA 2021에서 발표한 ID. 라이프는 전기차용 고성능 플랫폼인 MEB를 기반으로 만들었다. 물론 전기차 전용 MEB 플랫폼으로 만든 모델은 이번이 처음은 아니다. 벌써 8번째 모델을 발표했지만 이번 모델은 처음으로 엔진과 변속기가 차량 앞쪽에 위치하여 엔진의 힘이 차량 앞바퀴에 전달되는 전륜구동 FWD 형태의 모델을 MEB 플랫폼으로 만들었다는 데 의미가 있다. 앞바퀴 쪽에서 방향과 구동 기능을 모두 감당하려면 자연스레 플랫폼이 훨씬 복잡해진다. 전륜구동 형태의 플랫폼을 구현했다는 점은 이제 전기차용 범용 플랫폼이 복잡한 구조도 뒷받침할 수 있을 정도로 진화되고 있다는 것을 엿볼 수 있다.

전기차는 내연기관차에 비해 반도체 칩도 많이 들어가고 여러 기능들이 추가되어서 설계 자체가 복잡하다. 이런 복잡한 기능을 기존 내연기관 차량에 비해 고성능과 빠른 입출력이 가능하도록 플랫폼은 진화하고 있다. 폭스바겐은 이번 IAA 2021에서 MEB 플랫폼 기반의 전기차를 보여주면서 플랫폼 성능을 한층 끌어올린 모습을 보여주었다.

현대모비스 역시 스케이트보드형 모듈을 발표했다. 근간이 되는 섀시 프레임에 전기차의 여러 부품들을 OEM 요구사항에 맞춰 자유롭게 변형할 수 있는 플랫폼이다. 이미 CES에서도 스케이트보드형 모듈을 계속 보여주고 있는데, 내년 CES 2022에서는 스케이트보드형 모듈 기반의 차량까지 선보일 예정이라고 한다. 이렇게 스케이트보드형 모듈 플랫폼을 만들면 전기차 생산업체 입장에서는 자동차가 고가든 저가든 어떤 목적과 상황에 따라서 유기적으로 플랫폼을 커스터마이징할 수 있다는 장점이 있다.

콘티넨탈의 플랫폼 역시 주목할 필요가 있다. 콘티넨탈은 플랫폼을 클라우드와 연결시키는 방향으로 진화시키고 있는데 궁극의 플랫폼 진화 방향이 될 것으로 보인다. 콘티넨탈 플랫폼은 차량을 클라우드와 연결시키면서 동시에 차량 내 여러 기능을 모듈화하여 범용 플랫폼에 추가하거나 제외할 수 있도록 구성했다. 새로운 소프트웨어나 펌웨어 등을 무선으로 업데이트하는 방식인 OTA 서비스나 차량 내 제어장치의 해킹을 탐지하고 방지하는 통합 보안 솔루션 등 수많은 기능들은 모듈화로 이루어져 쉽게 추가하거나 제외할 수 있다. 차량을 클라우드와 연결시킨다면 차량에 필요한 유지관리나 커넥티드 서비스는 소프트웨어 업데이트를 통해 업데이트를 해 나간다. 이렇게 되면 OEM 입장에서도 비용을 줄일 수 있고 차량 소유주 입장에서도 빠르게 차량을 업데이트 받게 되면서 보다 편하게 운전 경험을 만끽하게 된다.

내연기관 차량은 한두 가지 모델을 위해 플랫폼을 만드는 형태였다면 전기차 시대가 되면서 개발의 형태가 바꿰었다. 이렇게 전기차에 공통으로 필요한 기능들을 얹힐 수 있는 플랫폼을 만든 채 여러 차종에 적용할 수 있는 구조로 대응하고 있다. 상황이 이렇다 보니 플랫폼은 한 제조사의 운명과도 같고 앞으로 지속해서 함께 가는 공동 운명체와도 같다.

잘 만든 플랫폼, 다양한 비즈니스로 확장

내연기관차 시절에는 폐쇄적인 플랫폼 정책을 펼칠 수밖에 없었다. 폭스바겐이 A라는 차량을 위해 플랫폼을 만들었다면 만든 플랫폼은 A에서밖에 사용할 수 없었다. 하지만 전기차 플랫폼을 공용화할 수 있도록 개발을 하는 순간 플랫폼 자체도 매력적인 비즈니스로 연결시킬 수 있다. 일단 한 번 플랫폼으로 개발을 하면 다른 여러 차종에 적용이 가능하고 지속적으로 사용할 수 있으니 플랫폼 자체도 하나의 수익으로 연결할 수 있다. 자동차 회사 입장에서는 플랫폼은 한 번 잘 만들어 놓으면 회사 입장에서 다양한 차종에 범용으로 적용할 수 있으니 매우 중요하고 다른 회사에게도 판매할 수 있다. 이렇듯 지속적인 수익을 창출할 수 있는 수단이 된다. 도요타나 폭스바겐은 오랜 시간 투자해서 만든 자체 플랫폼을 새로운 비즈니스 모델로 활용하기 위해 다른 경쟁 회사에도 판매하기로 발표했다. 2015년부터 폭스바겐은 전기차 플랫폼 MEB를 e.GO Mobile AG라는 스타트업에 판매하는 것을 시작으로 2020년 포드에까지 팔기로 결정했다. 특히 포드는 2023년부터 유럽에 판매되는 전기차를 폭스바겐이 만든 MEB 플랫폼을 기반으로 60만 대의 차량을 생산할 것이라고 전격 발표했다.

도요타와 스바루는 공동으로 협력하여 2019년 새로운 전기차 플랫폼을 개발하기도 했다. 도요타가 보유한 장점인 전기화 기술과 스바루가 가진 사륜구동 기술력을 결합하여 그룹 차원의 전기 플랫폼 개발 협력을 하는 셈이다. 자동차 회사 입장에서도 플랫폼을 개발하는 데 착수하는 비용이 너무 크고 장기간 투자를 하는 데 위험부담이 있다. 이렇듯 양사가 협력하여 위험 부담을 줄여 나가는 비즈니스를 만들어가고 있다.

전기차 플랫폼은 회사의 성패를 좌지우지할 정도로 중요하다. 이런 플랫폼을 다른 회사와 공유한다는 것은 경쟁 진입장벽을 낮추는 것이 아닐까 생각할 수 있다. 하지만 자동차 회사가 만든 플랫폼을 다른 회사가 공유하면 플랫폼 제조사 입장과 공유받는 회사 모두에게 도움이 될 수 있다.

먼저 플랫폼을 제공하는 회사 입장에서는 오랜 기간 투자한 플랫폼을 다른 회사가 사용하는 순간, 그동안 투자한 연구개발 비용을 상쇄할 수 있다. 향후 몇 년간 지속적인 수익을 만들 수 있어 자금 순환이 원활해진다. 게다가 플랫폼 판매를 통해 '규모의 경제'를 만들 수 있다. 다른 제조사와 공유하면서 그만큼 플랫폼 단가를 낮추게 된다. 광범위하게 플랫폼이 배포되면 배포될수록 플랫폼, 더 나아가 모빌리티의 단가는 크게 떨어지게 된다.

플랫폼을 많이 사용하면 그만큼 차량 B2B 업계에서 파워도 가질 수 있다. 즉 전기차의 주도권을 쥐게 된다. 플랫폼을 사용하면 그 안에 들어가는 배터리와 전동 부품 모두 플랫폼에 적합하게 넣어야 한다. 타 회사의 플랫폼을 받아들이는 순간 타 회사와 네트워크가 형성이 되는 것이고 간접적이든 직접적이든 지배 구조의 영향권 안에 포함된다. 즉 플랫폼 공급자 교섭력이 훨씬 강해지는 셈이다. 플랫폼 공급자는 단순히 플랫폼을 넘어 제2의 추가 부품이나 아키텍처를 판매할 수 있는 잠재적인 가능성을 확보한다는 이점도 있다.

플랫폼을 구매하는 회사 입장에서는 전기차 시대를 빠르게 준비할 수 있다는 장점이 있다. 수십 년간 연구 개발한 비용을 아낄 수 있을 뿐더러 빠르게 시장 출시를 할 수 있다. 게다가 경쟁사 못지않은 플랫폼을 동일하게 확보할 수 있다는 장점이 있다. 기술력, 빠른 시장 대응, R&D 비용 절감으로 후발주자 입장에서는 타사의 플랫폼 적용을 고려해볼 수 있다. 그래서 스바루, 포드와 같은 업체는 직접 플랫폼에 투자하는 방식보다는 타사의 플랫폼을 활용하여 전기차를 준비한다는 계획을 갖고 있다. 이렇게 되면 어제의 경쟁사가 오늘의 협력사가 되는 셈이다.

전기차의 미래는 플랫폼

자동차는 생명과 연결되어 마냥 혁신적인 기술을 적용하기가 쉽지 않다. 안전성과 직결되기 때문에 가장 보수적이면서도 폐쇄적인 진화를 거듭했다. 이러한 환경에서 경쟁 우위를 만들기 위해 기술력을 철저히 비밀 유지하면서 진화를 해나가곤 했다. 전기차 시대가 된다는 것은 단순히 내연기관차의 성격이 변화하는 것 이상을 의미한다. 그동안 비밀 유지를 해가며 진화를 해왔던 기술 방향에서 좀 더 다른 회사들과 공생하며 열려 있는 마인드로 기술 혁신을 해 나가는 방향으로 가고 있다. 단순히 내연기관차에서 전기차 시대로 변화했다기보다는 자동차 업계의 비즈니스 모델이 달라지고 업계의 구도가 틀어지고 있다. 어제의 경쟁사가 오늘의 협력사가 되는 모습이 비일비재하다.

전기차가 나오면서 여러 반도체가 들어가고 기능이 복잡해졌다. 이를 빠르고 유연하게 뒷받침할 수 있는 플랫폼이 특히 중요해지는 이유이다. 하나의 플랫폼은 다른 여러 모델을 만들 수 있는 근간이 되기에 플랫폼 자체로 판매할 수 있는 새로운 비즈니스 역시 커지고 있다. 앞으로 자동차 회사가 전기차 플랫폼을 활용하여 어떻게 전기차 시대를 주도할지 기대된다. 과연 전기차 시대의 패권은 누가 쥘 것이며, 어떤 업체들을 중심으로 생태계가 형성될지 앞으로의 모습이 기대된다.

모빌리티, 메타버스에
주목하고 있다

일상이 바뀌었다. 코로나19로 사람들과 물리적 접촉이 단절되면서 비대면 방식이 떠오르고 있다. 과거에도 AR, VR을 접목한 게임 등 실감형 컨텐츠나 기술들은 있었지만 유독 사람들과 단절된 환경 속에 이러한 기술들이 빛을 발하고 있다.

'메타버스'라는 이름으로 단절된 소통을 가상의 환경에서 이어 나가고 있다. 모빌리티, 유통, 제조, 패션 등의 분야를 망라하여 사람들은 또 다른 세상에서 다양한 디지털 경험을 통해 연결하고 배우고 즐거움을 만끽하는 가

나의 첫 모빌리티 수업

치를 추구하고 있다.

이러한 환경의 변화로 IT 회사들은 너도나도 '메타버스'를 강조하고 있다. 급기야 페이스북은 2021년 11월 회사명을 '메타'라고 변경하겠다는 발표를 한다. 메타는 앞으로 메타버스의 컨텐츠와 메타버스를 운영할 수 있는 플랫폼을 추진하기 위해 1만 개의 일자리를 창출할 것이라며 메타버스에 대한 의지를 다지고 있다. 더 이상 사람들이 페이스북을 '소셜 미디어 회사'로 보는 것이 아닌 '메타버스 회사'로 인식하게 될 것이라고 공언했다.

마이크로소프트 역시 회사의 전략적 방향을 메타버스에 집중하겠다고 발표했다. 특히 엔터프라이즈용 메타버스를 공략하겠다고 발표하면서 기업용 메타버스툴을 대거 선보이고 있다. 비대면 회의 시스템인 〈팀즈 Teams〉를 더욱 생생하고 사실적인 시스템으로 개발해 물리적으로 떨어져 있어도 가깝게 연결되는 환경을 만들겠다고 했다. 모빌리티 회사들도 메타버스에 적극적인 관심을 보이고 있다. 미래 모빌리티의 청사진을 볼 수 있는 모터쇼에서는 BMW, 닛산이 메타버스로 그린 모빌리티 경험을 보여주면서 메타버스에 대한 높은 관심을 보여주었다. 그야말로 IT업계는 메타버스에 올라타 질주를 하고 있다. 대체 메타버스는 무엇이고 어떤 가치가 있길래 이토록 많은 회사들이 집중하는 것일까?

메타버스의 어원은 초월, 가상의 의미인 메타 Meta와 세계, 우주라는 뜻의 유니버스 Universe의 합성어로 이루어졌다. 메타버스는 1992년 미국의 SF 소설가의 소설에 처음 등장했던 개념으로, 이 소설은 아바타들이 3D 가상의 공간에서 살아가는 내용을 담고 있다. 실제로 가상의 세상은 세컨드 라이프나 제페토와 같은 플랫폼에서 실현하고 있는 현실이기도 하다. 네트워크 환경과 그래픽 기술이 점차 발전하면서 최근 특히 더 부각되고 있다.

추상적인 메타버스 개념을 구체화하기 위해 라이브게임사 비머블 Beamable CEO 존 라도프 John Radoff는 메타버스의 구성요소를 7개로 나누었다. 구체적으로 인프라, 휴먼 인터페이스, 분산화, 공간 컴퓨팅, 크리에이터 이코노미, 발견, 경험으로 개념화하여 각각의 역할을 정의했다.

존 라도프가 구체화한 메타버스의 구성요소를 살펴보면 사용자들이 궁극적으로 메타버스를 인지하는 요소는 발견과 경험의 요소이다. 사람들은 메타버스 안에서 소셜 큐레이션과 평가 등을 통해 현실 세계와 또 다른 차원의 재미와 경험을 느낄 수 있다. 쉽게 떠날 수 없는 현실 환경이지만 메타버스 안에서 자유롭게 어디든 떠날 수 있고 누구든 만날 수 있다. 나아가 게임이나 교육과 소셜 인터랙션 등 메타버스를 통해 할 수 있는 경험을 통해 메타버스를 활용하고 인식하게 된다. 보다 간편하게 시간을 절약하면서 실시간 보상을 느낄 수 있는 메타버스에 사람들은 열광하고 계속 경험을 추구하게 된다. 사람들이 메타버스를 통해 얻을 수 있는 가치를 알아보기 위해 베인앤컴퍼니 Bain&Company에서 만든 인간의 가치 피라미드 The elements of Value를 살펴보면 다음과 같다.

가치 피라미드는 베인앤컴퍼니에서 '고객에게 제공하는 가치는 무엇인가?'라는 질문을 시작으로 매슬로의 욕구 이론에 기반하여 분석한 결과물이다. 30가지 가치 요소를 식별하여 설명하고 있는데 크게 기능적, 감정적, 생활변화적, 사회적인 기본 속성을 지니고 있다. 다시 기본 가치를 세분화하여 사용자가 원하는 가치와 욕구를 정의 했다. 이 가치 피라미드에 기반하여 메타버스를 살펴보면 꽤 많은 부분 사용자가 원하는 가치를 만족시키고 있다 는 것을 알 수 있다.

메타버스에서는 사용자들이 어디든 쉽게 이동할 수 있다. 이는 번거로운 이동 과정에 대한 수고를 절감하는 가치와 시간을 줄여주는 가치를 얻을 수 있다. 기계 부품 조립을 위해 새로운 직원들을 교육시키는 데 시간이 많이 소요되지만 잘 설계된 메타버스 교육 프로그램을 활용하 면 시간을 단축시킬 수 있다. 교육 프로그램을 만들면 이 후 어떤 직원들이 새로 들어와도 계속 프로그램을 활용 할 수 있어 비용과 수고를 줄일 수 있다. 복잡한 기계 구 조를 몰라도 화면 안에서 보이는 화살표 방향에 따라 부 품을 꽂으면 되어 교육 과정이 훨씬 단순해진다.

감정적인 가치도 충분히 제공하고 있다. 현실은 사람 과 교류가 적어 소외되거나 외로움을 느끼지만 가상의 환 경에서는 다른 사람들과 교류하면서 소속감을 느낄 수 있다. 게다가 메타버스 환경은 빠르고 즉각적으로 보상이 주어져 순간적인 기쁨을 만끽할 수 있다.

이를 통해 계속 메타버스 안에서 성취감을 느껴 과업에 대한 동기부여를 받게 되고 자아실현까지 연결될 수 있다. 이 세계에서는 현실에서 너무 비싼 가격으로 구매하기를 망설였던 명품 아이템들을 보다 저렴하게 구매할 수 있다는 희망과 보상 심리를 느낄 수 있고 나아가 메타버스 안에서 다른 사람들에게 영향력을 행사할 수 있다.

단순히 메타버스를 일회성 유행으로 치부하는 것이 아니라 전 사회가 주목해야 할 점은 사용자들의 욕구를 많은 부분에서 해소하고 있기 때문이다. 그렇다면 모빌리티 분야는 어떠할까? 모빌리티 분야에서도 메타버스가 사용자의 욕구를 많은 부분 해소시켜 줄 수 있을까?

모빌리티 회사들도 꽤 오래 전부터 메타버스 개념을 주목하고 있었다. 아우디는 VR 경험을 제공하기 위해 홀로라이드 Holoride라는 회사를 만들어 스핀오프했다. 홀로라이드는 2019년부터 포드 Ford, 메르세데스 Mercedes 등의 다양한 회사들과 차량 내에서 VR 기기로 재미있는 경험을 실현하고 있다. 차에 탑승한 승객이 VR 기기를 착용하면 자동차를 타고 이동하는 경험이 우주선을 여행하거나 게임을 하는 등의 흥미로운 경험으로 확장하는 시도를 보여주고 있다.

AR 기술을 활용해 차선을 안내하는 기술은 2000년대부터 상용화를 시작했다. 이미 전면 디스플레이에 내비게이션과 연동한 화살표가 나오는 기술은 오래전부터 구현되었고 더 나아가 서비스와 연동하고 있다. AR을 통해 영상통화부터 티켓 구매까지 가능한 서비스들을 구현하거나 인프라와 연동해 직관적으로 운전에 도움이 될 수 있도록 하고 있다. 왜 모빌리티 회사들을 더 빠르고 안전한 이동을 위해 차량 엔진이나 배터리 성능에 집착하지 않고, 메타버스 기술을 들여다보는 것일까?

그 이유는 더 이상 단순 차량 제조로서는 경쟁력을 확보하기가 어려워졌기 때문이다. 제조 산업에서 벗어나 고부가가치를 창출하기 위한 목적으로 계속하여 '차별화 서비스'를 발굴하고 차량에 이식하고 있다. 자동차와 집과 연결하여 차 안에서 집 안의 기기를 제어하거나 정체구간에서 게임을 하는 등 서비스의 차별화를 통해 모빌리티의 경쟁력을 올리려는 움직임을 보이고 있다.

고객이 모빌리티 안에서 느끼는 차별화 서비스는 큰 범주에서 '편의성'과 '안전성'으로 나눠볼 수 있다. 모빌리티 회사들은 다른 회사와 차별점을 만들기 위해 더 나은 편의적 서비스, 더 사용자 친화적이고 안전한 서비스에 집중하게 되면서 메타버스의 가능성을 모빌리티에 접목하고 있는 것이다.

정체구간에서 지루하고 답답한 시간을 보내는 사용자를 위해 현실 세계에서 해줄 수 있는 서비스는 개인 맞춤형 음악을 틀어주거나 미디어를 보여주는 형태이다. 하지만 현실을 벗어나 내 관심을 다른 데 돌려 즐거움을 줄 수 있다면 사람은 뇌의 인지에 영향을 받아 모빌리티에서의 지루한 경험이 긍정적으로 바뀌게 된다.

모빌리티는 생명과 직접적으로 연결이 된다. 운전을 할 때 어떻게 하면 보다 안전하게 할 수 있을지 위험상황을 어떻게 빨리 인지시킬 수 있을지가 중요한 관심사이다. 안전한 운전을 위해서는 단순히 외관을 튼튼하게 만든다고 해결될 일이 아니다. 아직까지 많은 부분 운전은 사람이 하고 있기에 사람이 안전하게 운전할 수 있도록 보조하는 장치들이 필요하다. 이때 최대한 사람의 전방 시야는 가리지 않으면서 운전을 보조하는 역할로 AR 기술을 활용하고 있다.

모빌리티 회사들은 어떻게 가격 경쟁력을 올리고 효율적으로 제품을 개발할 것인지에 대해 계속 고민하고 있다. 더 이상 자동차, 항공사, 킥보드 회사들은 같은 도메인의 회사들하고만 경쟁하는 것이 아니다. 경쟁사가 포털사가 될 수도 있고 배달회사가 될 수도 있다. 예측할 수 없는 비즈니스 환경으로 가격과 비즈니스모델 등의 복잡도는 더욱 높아지고 있다. 네트워크의 발달과 함께 모빌리티에 연동되는 기기의 숫자들이 기하급수적으로 늘어나고 있는 것이다. 단순히 신호등, 도로 차원의 인프라를 넘어 집, 사람, 도시 공간까지 모빌리티와 연결되고 있다. 수많은 기기와의 연동은 예측할 수 없는 문제가 나타날 수 있는 확률을 높여 사전 결함에 대한 테스트를 충분히 진행하는 것이 필요하다. 사용자의 니즈와 취향은 변화하기 마련이지만 자동차의 구매 주기는 꽤 긴 편이다. 사용자가 원하는 콘셉트가 나올 때마다 직접 구현을 한다면 문제가 해결되지만 그만큼 시간과 비용이 많이 소요된다. 모빌리티의 기능 차별화를 위해 자율주행 테스트를 해야 하지만 자칫 테스트 자체가 사람의 생명에 영향을 끼칠 수도 있다. 이렇게 제품 개발에 대한 비용을 줄이면서 시간을 효율적으로 사용할 수 있는 방법으로 메타버스를 적극적으로 활용하고 있다.

차량 내부에서의 새로운 공간 경험

꽉 막힌 정체 구간에서 어떻게 하면 사용자가 재미있고 흥미로운 경험을 할 수 있을까? 날씨가 우중충할 때 어떻게 하면 상쾌한 기분을 만들 수 있을까? 이렇게 사람들이 움직이면서 공간 자체에서 느끼는 감정을 변화시키기 위한 용도로 메타버스를 적극적으로 활용하고 있다. 더 나은 경험을 제공하기 위해 메타버스를 통하여 때론 움직이는 공간이 오락실로 변하기도 하고, 콘서트장이 되기도 한다.

이렇게 기업들이 앞다투어 메타버스를 관심 있게 바라보는 이유는 메타버스가 모바일 인터넷의 다음 버전의 사회적 상호 인터랙션이 될 것으로 보고 있기 때문이다. 단순히 게임을 넘어 사람들을 만나고 공연을 즐기고 회의를 하고 교육을 할 수 있다. 또 다른 세계에서 사람들과 만날 수 있는 접점이 늘어나는 셈이다. 나아가 가상 세계와 현실 세계의 경계가 모호해지면서 그 경계선에서 고객에게 어떤 가치를 제공해주는지가 더욱 중요해지고 있다.

앞으로 더더욱 운전자와 탑승자는 차량 안에서 새롭고 즐거운 경험을 필요로 할 것이다. 메타버스는 차량 내에서 제3세계를 만들어주면서 이제까지 경험하지 못한 재미있는 경험을 마구 창조해낼 것으로 기대한다. 단순히 가상의 세계를 만드는 데에서 끝나는 것이 아니라 실제 세계와도 유기적으로 연동되어 이동하면서 쇼핑, 광고, 게임 등을 실감 나게 실현해 시간 자체를 유용하고 의미 있게 사용할 수 있도록 도와줄 것이라고 생각한다.

사용설명서까지 스마트하게 진화 중

우리 집에는 멋들어진 자동차가 있다. 무려 18년이나 함께한 자동차에는 나의 청소년기 추억이 고스란히 배어 있다. 오래되었지만 어찌나 애지중지 관리했는지 아직도 반짝반짝 윤이 난다. 다른 사람들이 우리 차를 탈 때면 가끔 "그냥 새 차 한 대 사지 그래?"라고 넌지시 말할 정도이다. 하지만 수십 년 이 차를 타고 이동하면서 함께한 추억과 정이 남아 있어 쉽게 차를 바꾸지 못한다. 이 차는 내 이동의 역사를 함께한 운송수단이기 때문이다.

하지만 요즘같이 날씨가 추워질 때면 자동차가 오래돼서 그런지 꼭 한 번씩 문제가 생긴다. 시동도 걸리지 않고 배터리도 금방 방전이 된다. 아쉬운 대로 자동차 사용설명서를 보며 문제를 찾아보지만 20년 전 자동차를 구매했을 때 받은 사용설명서는 어렵기만 하다. 온갖 복잡한 단어들은 물론이고 문제를 찾는 것이 힘들다.

자동차를 이용하면서 한 번쯤 크고 작은 문제를 마주하지만 운전자나 탑승자 스스로 해결하기란 쉽지 않다.

사용설명서를 아무리 뒤져봐도 문제를 해결하는 것은 어렵기만 하다. 이런 문제점을 해결해주기 위해 도요타는 음성으로 직접 소통할 수 있는 운전 가이드를 발표했다.

직관적인 인터랙티브 기술

도요타의 운전 가이드 Driver's Companion 는 질문을 하면 바로 답변을 해주면서 시각적으로 문제에 대한 해결점을 보여주는 형태로 구성되어 있다. 사실 그동안 종이 형태의 운전 가이드가 불편해 많은 회사들이 디지털 가이드를 출시했다. 디지털 사용자 매뉴얼은 조금 더 가벼워지고 검색이 수월해졌지만 여전히 운전자 입맛에 딱 맞는 인터랙션을 찾기가 어려웠다. 대다수는 자동차의 용어나 기능적 단어 자체가 낯설어 아예 검색 키워드를 무엇으로 잡아야 할지 난감했기 때문이다.

하지만 도요타의 운전 가이드는 구글 클라우드로 구동되면서 '조야 Joya '라는 음성비서를 기반으로 만들어 친구에게 물어보듯 자연스럽고 직관적인 인터랙션이 가능하다.

"내 차는 얼마나 높니?"

"후방 카메라는 어떻게 작동하는 거야?"

2021년 도요타 시에나 Sienna 모델부터 적용된 운전 가이드는 사실적이고 실감 나는 음성 인터랙션이 가능하다. 자연스러운 대화를 이어 나가면서 음성이 텍스트로 변환되고 확인까지 할 수 있어 굳이 사용 설명서를 찾아보지 않아도 쉽게 정보를 확인할 수 있다.

자동차에 대한 문의뿐만 아니라 자체 진단 검사도 할 수 있다. 예를 들어 배터리 방전 표시나 엔진 점검 표시등이 뜨면 표시등의 의미가 무엇인지 음성으로 안내를 받을 수 있다. 기존에는 일일이 검색하고 안내 설명서를 뒤져봐야 할 일을 음성비서, AR/VR 등과 같은 인터랙티브한 기술로 편안하게 사용할 수 있게 된 것이다. 사용설명서뿐만 아니라 모빌리티 환경 내/외에서의 다양한 서비스들이 직관적으로 변화하고 있다.

디지털 운전 가이드는 이전에도 AR 형태나 앱으로 많이 나오고 있었다. 이번 도요타 운전 가이드가 특별한 이유는 자연어 음성 인식과 시각과 청각이 모두 결합된 형태의 직관적인 가이드가 가능하기 때문이다.

앞으로 커다란 와이드 스크린, 음성비서, 지능적인 환경이 더욱 진화될 것으로 예상된다. 모두 직관적인 사용자 경험을 위해 오감을 자극하는 기술들이 결합되어 모빌리티 내 사용자 경험을 견인할 것이다. 특히 음성비서는 차량 내에서 더욱 적극적으로 활용될 것으로 보인다. 미국 성인의 51퍼센트는 음성비서를 사용하고 향후 운전자의 95퍼센트는 3년간 음성비서를 사용한다는 발표가 있을 정도로 모빌리티 영역에 적극적으로 활용되고 있는 추세이다.

이러한 직관적인 경험은 추상적인 개념을 더욱 생생하게 보여주고 인지하는 데도 앞장설 것으로 보인다. 추상적인 개념인 '가상 비서' 역시 시각적으로나 청각적으로 사용성을 이끌어낼 것이다. 막연한 비서가 아닌 눈에 보이고 실재감이 넘치는 비서 환경으로 모빌리티의 직관적인 경험을 한층 끌어올릴 것으로 전망된다.

아인슈타인은 "무엇이든지 어렵게 만드는 것은 쉽지만 똑같은 것을 쉽게 만드는 것은 엄청난 노력과 특별한 재능이 필요한 매우 어려운 작업"이라고 했다. 모빌리티 산업을 변화시키고, 나아가 모빌리티의 사용성을 혁신하기 위한 방향으로 '직관적인 사용자 경험성'을 무엇보다 크게 주목해야 할 것이다. 특히 시각, 청각, 촉각 등 감각 경험들이 결합되었을 때 어떻게 모빌리티의 사용성이 높아지고 모빌리티 내에 변화를 이끌 수 있을지 계속 주목해서 살펴볼 부분이다.

차량에서의
메타버스 활용 사례

마케팅

코로나19 상황은 모빌리티를 고객들에게 전달하는 방식조차 크게 변화시켰다. 고객들은 더 이상 자동차 매장에 가서 직원들의 이야기를 듣지 않고 차를 만져보지 않게 되었다. 모빌리티 회사들은 비대면 환경에서도 고객들의 눈길을 사로잡고 정보를 제공하면서 모빌리티에 대한 관심을 이끌어내야만 했다. 이러한 배경으로 비대면 환경에서 고객들과 유대관계를 맺기 위해 '메타버스'를 활용하여 커뮤니케이션을 시작했다.

닛산은 메타버스에서 사람들과 소통하기 위해 〈닛산 크로싱 갤러리〉를 출시했다. 가상의 세계에서 현실 세계와 유사한 형태의 닛산 매장을 만들어 사실적인 닛산 모빌리티를 만나볼 수 있다. 고객들은 닛산이 만든 자동차를 바라보면서 회사가 그리는 미래 비전을 자연스럽게 경험하게 된다.

BMW도 하나의 커뮤니케이션 채널로서 메타버스를 적극적으로 활용하고 있다. 〈조이토피아(JOYTOPIA)〉라는 독자적인 메타버스 세계를 구축하여 사용자들이 자유롭게 콘서트를 시청하고 아티스트를 가깝게 지켜볼 수 있도록 만들었다. BMW가 만든 조이토피아에서 콜드플레이(Coldplay)가 4개의 곡을 실시간

라이브로 공연하여 많은 사람들에게 큰 호응을 얻었다. 이렇게 BMW는 단순히 모빌리티 자체에 집중하는 것이 아닌 잠재 고객들에게 새로운 차원으로 브랜드를 알리고 서로 교감할 수 있도록 하는 용도로 메타버스를 활용하고 있다.

비대면 환경으로 고객들과 소통하는 방식이 예전과 크게 달라지고 있다. 더 이상 전통적인 대면 마케팅으로는 한계가 보이자 브랜드들은 메타버스를 적극적으로 소통의 창구로 활용하고 있다. 메타버스는 또 하나의 커뮤니케이션 창구가 되어 현실에서 경험하지 못한 소통을 가능하게 만든다. 현실 경험을 가상 세계까지 이어 브랜드에 대한 흥미를 유지시켜 나가는 주춧돌이 되고 있다.

제품 개발

모빌리티 회사들이 고객을 위한 차별화 서비스 제공과 효율적인 개발 측면의 솔루션으로 메타버스를 활용하고 있다. 테슬라는 판매하는 모든 자동차에 대한 가상의 자동차를 소프트웨어로 만들어놓는다. 개별 차량의 센서 데이터를 기반으로 소프트웨어를 업데이트하여 동기화한다. 실물의 차량에 업데이트를 하거나 테스트할 때마다 미리 가상의 자동차로 시뮬레이션을 해보는 방식을 취한다. 이렇게 데이터 기반의 소프트웨어 개발 프로세스는 차량 소유자는 물론 차량 회사에게 효율적인 시간과 자원 분배를 가능하도록 한다.

폭스바겐 역시 가상 엔지니어링 랩(Virtual Enginerring Lab)을 만들어 혁신적으로 차량 설계 및 테스트를 진행하고 있다. 자동차를 생산하기 전 증강현실 기술로 자동차를 구현하여 잠재적인 안전 문제를 식별하고 새로운 디자인을 빠르게 프로토

타입할 수 있도록 구축했다.

가상현실을 사용하면서 새로운 차량을 설계하거나 구현하는 데 들어가는 시간을 빠르게 줄일 수 있고 실물을 구현하지 않아도 되니 비용 역시 획기적으로 줄이면서 활용하고 있다.

유지보수

폭스바겐은 2013년부터 MARTA(Mobile Augmented Reality Technical Assistance) 프로그램을 통해 유지보수를 하고 있다. 아이패드를 이용해 구매한 차량의 수리 과정을 보여주거나 차량의 부품 이름을 가상의 이미지로 보여주면서 유지보수에 AR 기술을 접목했다. 이후 폭스바겐 커머셜 부서와 수리기술자가 서로 연동되어 원격으로 차량 유지보수에 대한 서비스를 전달받고 있다. 차량을 수리하는 데 시간을 줄이기 위해 폭스바겐에서 지급한 헤드셋을 통해 직원에게 어떤 조치를 취해야 하는지 상세하게 가상의 이미지를 보여주는 방식으로 유지보수를 하고 있다.

차량/주차 관제/사용성 시뮬레이션

닛산은 'I2V(Invisible to Visible)'이란 콘셉트로 가상을 융합한 미래 차량 기술을 보여주고 있다. 클라우드를 통해 데이터를 수집하여 실시간 도로나 교통 정보를 파악하여 운전자가 최적의 차선이나 경로를 선택할 수 있도록 미리 예측하는 용도로 메타버스를 활용한다. 사각지대에 보이지 않는 장소나 멀리 비어 있는 주차 공간 정보를 가상의 이미지로 보여주기도 한다. 새로운 기술을 개발할 때마다 미리 가상의 상황에서 적용하며 예측할 수 없는 문제를 미리 보정하는 용도로 활용하기도 한다.

다임러 트럭은 운전자에게 처음 출시하는 기술에 대해 사용성 테스트를 하는 용도로 메타버스를 적극 활용하고 있다. VR 기기를 예비 운전자에게 씌우고 트럭 조정석과 운전 상황을 경험할 수 있도록 만든다. 물리적인 스티어링휠을 갖고 가상의 환경에서 운전을 하면서 느꼈던 불편한 감정을 수집한다. 이때 나온 의견은 다임러 트럭을 개발하는 데 적극 반영하여 더 나은 시스템이 될 수 있도록 한다.

모빌리티,
디지털 휴먼과 만나다

　오랜만에 가족 외의 지인을 오프라인에서 만나게 되었다. 그동안 오미크론 바이러스니, 델타 바이러스니 코로나 19 뉴스를 계속 들으면서 외출하기가 무서워졌다. 그래서 한동안 집에 콕 틀어박혀 바이러스로부터 나를 보호했다. 다행히 코로나19로부터 나의 몸은 지켜냈지만 사람을 만나지 않으니 갈수록 외로워졌다. 그런 찰나에 오랜만에 지인을 만나게 된 것이었다.

　모빌리티 프로젝트를 함께 진행하면서 서로 조사한 내용들을 나누었다. 그러고는 어떤 문제를 해결하고 싶은지 고민했다. 나만 코로나19 때문에 외로웠던 게 아니었는지, 함께 프로젝트를 담당하는 그 친구도 '외로움'에 주목했다. 코로나19 확진자 수가 날마다 급증하고 있는 가운데, 사람의 온기는 날이 갈수록 찾아보기가 어려운 것 같다. 부쩍 혼자 있어야 하는 시간이 늘어서 누구나 외로움을 느끼기 쉬운 상황이 온 것이다. 이동하면서 정서적인 외로움을 느낀다면, 그것이야말로 불편한 점이 아닐까?

그렇다면 이동하면서 느끼는 외로움을 어떻게 해결할 수 있을까? 고민하던 찰나 자동차 회사들이 '디지털 휴먼'을 정신적인 안정을 위해서, 시스템의 직관적인 사용을 위해서, 정보의 쉬운 접근성을 위해 활용하고 있다는 사실을 알게 되었다. 보다 스마트한 이동을 위해 자동차 회사들은 어떤 노력들을 하고 있는 것일까?

BMW의 소피

매년 BMW는 차량 내에서 운전자들이 편하게 운전할 수 있도록 음성, 제스처, 아이 트래킹과 같은 기술들을 진화시키고 있다. 최근에는 어떻게 효율적이고 스마트하게 인터랙션을 할 것인지 고민하면서 시각, 청각, 촉각적인 인터랙션을 유기적으로 결합해 나가고 있다. 대형 디스플레이에 탑승객들이 필요로 하는 것들을 보여주고, 자연스럽게 대화를 나누는 형태이다.

최근 더욱 진화하여 청각, 시각, 촉각 등 모든 감각 기술들이 어우러진 '디지털 휴먼'을 차량 내에 적용하고 있다. '소피 Sophie'라는 디지털 휴먼을 만들어 궁극의 인터랙션을 가능하게 하는 형태이다. 사람과 유사한 얼굴과 목소리 등의 외형뿐만 아니라 자연스러운 커뮤니케이션으로 인간과 유대관계를 만들고자 노력하고 있다.

소피는 탑승객이 탑승했을 때 궁금해하는 사항들에 대해 친절하게 답변해주고, 현재 어떤 상황인지 더욱 지능화된 인공지능으로 설명해준다. 비록 현재 구현 단계는 BMW의 음성 어시스턴트가 대답해주는 형태로 구현되고 있으며, 음성을 단지 사람의 형상으로 변화한 정도이다. 하지만 BMW의 인터뷰에 따르면 점차 디지털 휴먼의 표정과 제스처 등의 비언어적 표현 방식을 적용해 탑승객과

나의 첫 모빌리티 수업

디지털 휴먼 간의 풍부한 감정 교류를 할 수 있을 것이라 예상한다. 날이 갈수록 감성과 개인화가 미래의 중요한 세일즈 포인트가 되는 만큼 자연스러운 교감을 통해 브랜드의 신뢰감과 친숙함에도 영향을 줄 수 있지 않을까 생각해본다.

다임러의 사라

벤츠는 '사라 Sarah'라는 디지털 휴먼을 채택하여 자동차 파이낸싱, 리스, 보험과 관련한 고객의 질문을 대신 응대하게 하고 있다. 고객의 질문이나 컴플레인에 대응하는 역할은 서비스의 중요성이 무척 크지만 인건비의 부담과 관리의 어려움이 크다. 디지털 휴먼인 사라는 사람이 느끼고 대응하는 방식을 프로그래밍하여 자동차 파이낸싱, 리스, 보험에 대해 신뢰를 얻는 데 도움이 되도록 하고 있다. 또한 사라는 얼굴이나 감정 인식을 이용해 실시간으로 비언어적 행동도 인식이 가능하다.

점점 금융과 모빌리티의 포트폴리오가 복잡해질수록

개인 맞춤형 요구사항을 충족시키는 것이 어려워진다. 다임러는 개인별 맞춤형 서비스 제공을 위해 얼굴 인식으로 비언어적 행동을 실시간 인식하면서 적절한 답변을 제공하는 것까지 염두하며 개발하고 있다.

다임러는 현재 디지털 휴먼 '사라'를 파이낸싱, 리스, 보험 등과 같은 상담 업무로 활용하고 있지만 추후 차량 내 어시스턴트 역할로 활용하는 것까지 고려하고 있다고 한다. 벤츠는 각 탑승자에게 개인화된 경험을 제공하기 위해 세심한 UX를 설계하고 있는데, 예를 들어 7개의 다른 프로필을 차량 내 적용해 각 프로필마다 개인화를 제공하고 있다. 개인화된 정보는 클라우드로 저장이 되어 어떤 차량을 탑승하든지 개인이 설정한 정보를 기반으로 맞춤형 서비스를 제공받을 수 있다. 같은 맥락에서 궁극의 개인화가 이루어질 때 디지털 휴먼인 '사라'가 개인 맞춤형으로 서비스를 해줄 수 있지 않을까 기대된다.

니오의 노미 메이트

중국의 테슬라라고 불리는 〈니오 Nio〉는 차량 내 물리적인 인공지능 에이전트를 적용했다. '노미 메이트 NOMI Mate'라고 불리는 동그란 원형의 에이전트는 차량 내에서 함께 공감할 수 있는 동반자적인 개념의 에이전트이다. 니오는 미래의 차량은 단순히 이동하는 데서 끝나는 것이 아니라 공간 자체에서 느끼는 감정적 연결이나 애착이 소구될 거라고 생각했다. 이러한 방향성에 기반하여 '니오 메이트'를 만들어 운전자가 허공에 대고 하는 커뮤니케이션이 아닌 좀 더 직접적이고 물리적인 커뮤니케이션을 할 수 있도록 개발했다.

물리적인 형태의 에이전트를 만들기 위해 크기, 형태, 상호작용의 방식 등 여러 가지를 고려했다. 어느 정도 사실적으로 니오를 개발해야 할지, 움직임은 어떻게 정의할 것인지 내부 의견이 분분했다. 이때 노미 메이트 만큼은 차량의 영혼을 반영할 필요가 있다는 방향에 집중하게 되었다. 결국 노미 메이트는 상호작용을 원활히 할 수 있는 친근감 있는 에이전트가 되기 위해서 귀여우면서 장난끼 넘치는 얼굴로 사용자에게 인사를 건넨다. 이러한 노미 메이트의 모습을 보고 사용자는 운전할 때 생기는 긴장감과 불편함을 일정 부분 덜 수 있으며 편안한 감정을 불러일으키게 된다.

물론 노미 메이트의 얼굴과 형태가 문화에 따라 불편하게 인식될 수 있기 때문에 여러 문화권에 적합한지는 꾸준한 실험을 통해 파악할 필요가 있다. 하지만 모빌리티 내 인공지능 에이전트를 물리적으로 형체화하여 사용자와 인터랙션을 시도한 사례로, 앞으로 노미 메이트의 인터랙션이 어떻게 진화될 것인지 자세히 살펴볼 필요가 있다.

"아리아, 오늘 날씨는 어떠니?"

"아리아, 나 졸리다."

매일마다 어디론가 이동할 때마다 우리 가족 이름보다 '아리아'를 더 많이 외치고 부른다. 그만큼 나의 이동에서 지능형 어시스턴트와의 관계는 매우 가까워졌다. 이동하면서 졸릴 때는 농담을 건네는 친구 역할을 하기도 하고,

오늘 날씨를 알려주는 비서 역할도 해준다. 아마도 디지털 휴먼은 실체가 안 보이는 지능형 어시스턴트에 사람 같은 외형으로 좀 더 사용자와 면밀한 교감을 할 수 있도록 도와주지 않을까 기대해본다.

다만 '이동'이라는 특수한 환경에서 어떤 형태의 디지털 휴먼이 적합하고 어떤 인터랙션이 효과적일지는 계속해서 고민을 해볼 문제라고 생각한다. 금융, 엔터테인먼트, 모빌리티 등 다양한 도메인에서 디지털 휴먼이 등장해 우리의 삶을 도와주는 만큼 앞으로 어떻게 진화되어 나갈지 궁금해진다.

이제는 펫을 위한
모빌리티

코로나19가 들끓으면서 사람들과의 소통이 단절될수록, 가족 구성원들이 더욱 핵가족화 될수록, 우리는 고독해지고 외로워진다. 그럴 때면 어딘가 정신적 위안을 주고 서로 교감할 수 있는 대상을 찾게 된다. 이런 배경으로 해마다 반려동물을 키우는 사람들의 숫자가 늘기 시작하더니 2019년에는 반려동물을 키우는 사람들의 숫자가 1500만 명을 돌파했다고 한다. 서울 시민들만 하더라도 2020년 20퍼센트 이상이 펫 PET 을 기르고 있다고 한다. 아이 대신 펫을 기른다는 '딩펫족'부터 '펫코노미' 등의 다양한 신조어도 등장하고 있는 추세이다.

이제 더 이상 인간과 동떨어진 가축이나 동물이 아니라 정신적 교감을 나눌 수 있는 대상으로서 반려동물의 위상이 커지고 있다. 반려동물의 음식이나 생활터전까지 사람들은 관심을 갖기 시작했고 반려동물의 위상만큼이나 반려동물 관련 산업 역시 커지고 있다. 그렇다면 이동 측면에서 반려동물을 어떻게 바라보고 공존하려는 노력을 하고 있을까?

테슬라의 도그 모드

테슬라는 이미 2019년부터 '도그 모드Tesla Dog Mode'를 적용하고 있다. 햇볕이 내리쬐는 날 창문을 모두 닫은 채 강아지를 놓고 나간다면 강아지는 얼마나 괴로울까? 괴롭게 만들고 싶지 않지만, 별다른 대안이 없을 때 어쩔 수 없이 울며 겨자 먹기로 차 안에 강아지를 놓고 내릴 수밖에 없다. 테슬라는 이런 고객의 불만을 해결하고자 도그 모드를 만들어 주인이 밖에 나가 있어도 강아지가 쾌적하

게 혼자 있을 수 있는 환경을 만들어준다. 자동차의 에어
컨이나 히터가 강아지가 쾌적하게 있을 수 있도록 온도를
설정한다. 주인이 차에서 멀리 떨어져 있어도 실내 온도는
적정 온도로 유지된다. 만약 차량 내 배터리가 부족할 경
우 즉시 차량 소유주에게 연락을 취해 강아지에게 가도
록 유도한다.

혹시나 지나가는 사람들이 차 안에 강아지가 혼자 있
어 걱정할까 봐 큰 디스플레이를 활용해 메시지를 전달하
고 있다. "내 주인은 곧 돌아올 것입니다"라는 메시지와
함께 현재 강아지를 위한 적정 온도가 유지되는 상황을
보여준다.

현대자동차, M.VIBE 시범사업

현대자동차 역시 인간을 위한 모빌리티를 넘어 인간
과 교감할 수 있는 동물을 위한 모빌리티까지 고민하고
있다. 이런 고민의 결과로 2021년 기아 레이 차량을 통해
M.VIBE 사업을 4개월간 실증 과제로 추진했다. 서울 강남

구, 서초구, 송파구에 한하여 차량의 제조와 서비스 기획, 플랫폼 개발은 현대차가 진행했고, 서비스 운영은 KST 모빌리티가 담당했다.

과거에도 현대기아차의 반려동물을 위한 시도는 있었다. 2017년 기아차는 차량용 반려동물용품 '튜온 펫'을 출시해 반려동물의 이동에 대해 고민했다. 이동식 케이지나 카 펜스, 시트 커퍼로 구성된 '튜온 펫'은 차량 안에 부착하기 좋은 액세서리 위주로 구성되었다. 반면 이번 2021년 검증한 M.VIBE는 단순히 액세서리가 아닌 총체적인 접근을 했다는 차별점이 있다. 현대차는 외부 서비스와 총체적으로 연계했다는 데 차별점이 있다. 앱으로 반려동물의 몸 상태와 미용 등을 서비스들과 모두 연계하여 따로따로 예약하지 않아도 하나의 앱을 통해 서비스받을 수 있다는 장점이 있다.

차량 역시 반려동물의 이동성에 집중하여 제작되었다. 차량 기획부터 해당 분야의 수의사들과 협업하여 어떻게 하면 진동 없이 반려동물을 이동할 수 있을지에 대해 고민했다. 적은 소음과 작은 진동으로 반려동물이 이동할 때 안락하게 이동할 수 있도록 제작했다. 비록 4개월의 짧은 실증 기간으로 마무리되었지만 인간을 넘어 인간과 교감하는 동물까지도 아우르는 모빌리티로 거듭나고자 하는 의지를 보인 서비스였다고 생각한다.

스바루 아웃백

일본 모빌리티 제조사 스바루는 2013년부터 반려동물 연구를 진행하고 있었다. 애완동물 안전센터 CPS와 파트너십을 맺어 반려동물을 위한 안전장치를 꾸준히 테스트하고 연구에 집중 투자하고 있다. 이런 결과로 스바루 아웃백 Subaru Outback과 같은 차량을 만들어 반려동물이 쉽게 차량에 오르고 뛰어내릴 수 있도록 하중을 낮게 설계하는 등의 노력을 했다. 나이가 많은 반려동물이 있거나, 관절염이 있는 반려동물이라 할지라도 낮은 하중 설계로 쉽게 차량에 오르거나 내릴 수 있게 고려한 것이다.

반려동물이 편하게 이동하기 위해 충분한 공간을 설계하고, 반려동물이 갑갑하지 않게 이동할 수 있도록 충분한 공간을 배치했다. 테슬라와 마찬가지로 후면 통풍구를 배치해 뒷좌석에 반려동물을 태우고 이동을 해도 적정 온도를 유지하며 이동할 수 있다. 시트까지도 반려동물의 편의를 위해 특별 제작했다. 기존 시트는 반려동물이 산만하게 이동할 때 자칫 부상을 당하거나 위험할 수 있었다. 하지만 스바루 아웃백 차량은 애완동물 안전 센터와 제휴하여 반려동물을 위한 시트까지도 제작하여 부상을 사전에 방지할 수 있도록 제작되었다. 이렇게 반려동물의 입장을 고려한 차량 제조 덕분에 반려동물에게는 최고의 차라는 수식어가 따라다니고 있다.

인간이 점점 더 고립되고 외로워질수록 의지하고 교감할 수 있는 반려동물이나 식물에 대한 위상이 더욱 높아질 거라고 생각한다. 이런 흐름에 따라 모빌리티는 인간만을 위한 모빌리티를 넘어 인간과 함께하는 반려동물을 위해 어떤 역할을 할지에 대한 고민이 필요하다.

그러기 위해서는 물리적인 차량 개조뿐만 아니라 다양한 서비스 간의 연결이 절대적으로 필요하다. 차량 제조사는 단순히 차량에서 할 수 있는 온도 조절 장치의 개

조, 공간 배치 차원에서 다른 서비스와 어떻게 연결해 나
갈 것인지의 고민이 필요하다. 서비스 회사도 마찬가지로
기존의 모빌리티와 어떻게 하면 연결해 반려동물에 대한
편의를 제공할지 고민이 필요하다. '굳이 반려동물까지?'
라는 생각이 들 수도 있다. 하지만 인간이 현재 교감하고,
의지하고 있는 반려동물에까지 세심하게 고려할 때 진정
인간을 위한 모빌리티라고 부를 수 있을 것이다.